JN028252

株「板読み」の鬼100則

石井勝利
Katsutoshi Ishii

明日香出版社

まえがき

株式投資は今、空前の人気だが、それで確実に儲けている人は多くない。

儲けたり、損したり。

どこに問題があるのか。

それは「売買の方向と勢い」の感じ方を身につけられていないからである。

「勢い」「感じ方」と言われると抽象的で、身につけるまで職人のように何年もかかるものと身構えてしまうかもしれない。

しかし実は、日々のあなたの売買の現場で、少し意識を変えて見ることで、手に入れられるのだ。

そこはすなわち、「板」。

売買注文を入力する画面に出てくる、「たくさんの数字の羅列」としか見なしていない諸君もいるだろう。

板に示されるのは、売り買いの注文を反映した、無機質な数字の移り変わりのみ。

しかし一握りの投資家は、そこから市場の息づかいを感じ取る。

個人投資家が殺到する寄り付き前の板は、ギラギラと開場の瞬間を待ちわびるようだ。

場が開いて躍動するさまから、一人ひとりがどのような思惑で、どれだけの資金を傾けて勝負を張っているのかを透かし見ることもできる。

大口の投資家が操作しようと見せる玉。

怒濤の勢いで上げてきた株価が天井をつけるさま。

リアルタイムで繰り広げられる壮大なドラマがそこにある。

そうした波を確実に感じ、株価の方向を読み取り、その方向に資金を傾け、売買のタイミングを狙えば良いのである。


「板を読むことが株式投資の勝ち負けを決める」。

昭和の時代、玄人が丁々発止の勝負を繰り広げた最前線ではそう言われていた。

やがて高速売買、システムトレードの興隆などで、その技術は廃れたようにうそぶかれることもある。

しかし令和の時代も、その言葉は不変である。

そこで、板とは何か、から始め、板の仕組み、板の変動、歩み値、板の方向を読む、板の強弱を読むなど、株式投資に必要な「板読みの基本と応用」を100項目にまとめて、本書で提供する。

株で勝ちたければ「板を制覇」してほしい。

そのために、類書のない「板読み」の本を敢えて、ここに提供した次第である。

大いに役立ててほしい。

2021年暮れ

石井勝利

※本書は特定の銘柄・取引を推奨するものではございません。取引に当たっては、ご自身のご判断でお願いいたします。売買で被られた損失に対し、著者・版元は何らの責任も持ちません。

鬼100則 00

序章

板で売買を見切る

第1章

板を制すれば株を制す

第2章

板の動きの仕組みを知る

第3章

板の変化が示すもの

第4章

「歩み値」を読み込む

第5章

売買の板のバランスを読み切る

第6章

指値と成り行きの注文の成立

第7章

板の変動の中からチャンスをつかむ

第8章

大口大量参加の板はこう読め

第9章

板の呼吸を感じる

第10章

売り時、買い時の板とチャート

第11章

板とチャートで勝負する

カバーデザイン：krran　西垂水　敦・市川　さつき
チャート提供　：株探
板・歩み値提供：ａｕカブコム証券

序章

板で売買を見切る

君が何か外的の理由で苦しむとすれば、
君を悩ますのはそのこと自体ではなくて、
それに関する君の判断なのだ。

マルクス・アウレリウス

リスクをもたらすのは、
自分の行動を理解していないことだ。

ウォーレン・バフェット

鬼100則 01

恐怖のストップ安気配からの反動を見る

新型コロナウイルス薬の先頭を行く大阪大学ベンチャーのアンジェス（4563）は、個人、大口を問わず、人気がある。

ただし、一筋縄ではいかない「暴れ馬」である。急騰したかと思えば、急落もある。

こうした銘柄は、板を読まないと勝つ可能性が薄い。

日本人の大半がアメリカ製ワクチンの接種2回目を終えた頃、自社ワクチン開発を「効果が薄いので断念」というニュースが伝わった。翌日のアンジェスの株価は100円安のストップ安。翌朝8時の気配は、またもや100円安のストップ安。

しかし、2000円台から300円台に落ちる

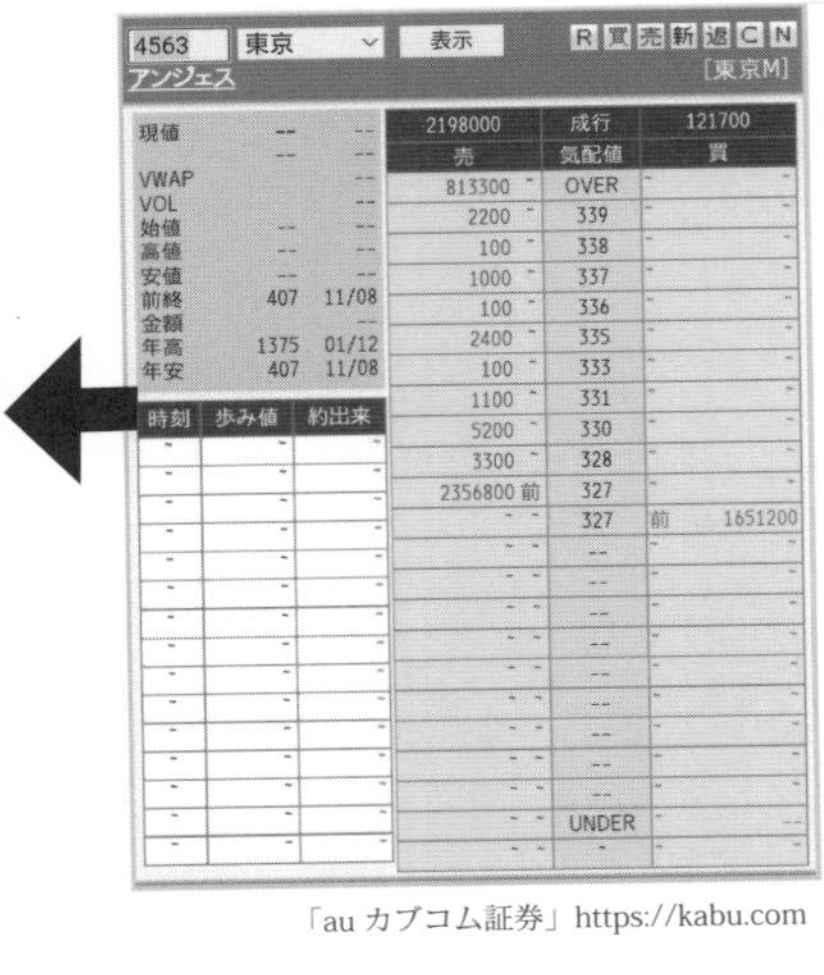

「au カブコム証券」https://kabu.com

と、動きが変わることに注意が必要だ。

ワクチン開発失敗による「投げの成り行き売り」で、出社した兼業投資家。板を読めない中で、9時のスタート前になると、買いがどんどん増えて、大幅安で寄り付くと「反発」の動き。歩み値には、大口の買いが多く見られ、チャートは大陽線。

朝の8時から9時が近づくに従い、「治療薬」といった別の材料を出してきたアンジェスの株価は曲者。板を読まないと、この相場には乗れない。結果、この日の株価は朝安からの反発。デイトレでは、恐怖の中で仕込んだ人の大勝利である。

1000株、2000株の大きな買いが見られたが、プロは総悲観の中で強《したた》かに勝負をかける。個人も板を見て勝負する。

板こそ、株式投資の勝敗の分岐点となるのだ。

ある日の【4563アンジェス】板とチャート

「株探」https://kabutan.jp

4563　東京　表示　R 買 売 新 退 C N
アンジェス　[東京M]

現値	384	09:22
	-23	-5.65%
VWAP	365.1235	
VOL	6169500	
始値	359	09:15
高値	384	09:22
安値	358	09:15
前終	407	11/08
金額	2252629600	
年高	1375	01/12
年安	358	11/09

時刻	歩み値	約出来
09:22	383	100
09:22	384	100
09:22	384	300
09:22	384	200
09:22	384	1000
09:22	384	100
09:22	383	100
09:22	384	100
09:22	384	100
09:22	383	1500
09:22	383	100
09:22	382	6800
09:22	383	4200
09:22	383	1000
09:22	384	100

--	成行	--
売	気配値	買
1016900	OVER	
21800	393	
47400	392	
11600	391	
44700	390	
8000	389	
23500	388	
7600	387	
26100	386	
28600	385	
7400	384	
	383	8400
	382	7400
	381	11900
	380	26500
	379	10500
	378	26100
	377	11900
	376	20300
	375	33100
	374	11500
	UNDER	4562500

ＰＴＳで大幅高の材料株の板の動きは

理経（８２２６）は、22年3月期の業績予想が連結経常利益で６６００万円の黒字（前年同期は６７００万円の赤字）に浮上。これを受けて、発表の夜のＰＴＳ（夜間取引）では、60円の大幅高を付けた。

さて、翌日の朝の気配はどうか。

8時過ぎの気配は、ＰＴＳの動きに合わせて、強くストップ高で始まる。ただ、時間の経過とともに成り行きの売りが増える。これを見た投資家が、前日に買った値段よりも高く売りたいと、売りを出してくる。

9時の寄り付き前には、売りが増え、ストップ高よりも低い株価に売買のバランスが動く。

8:13

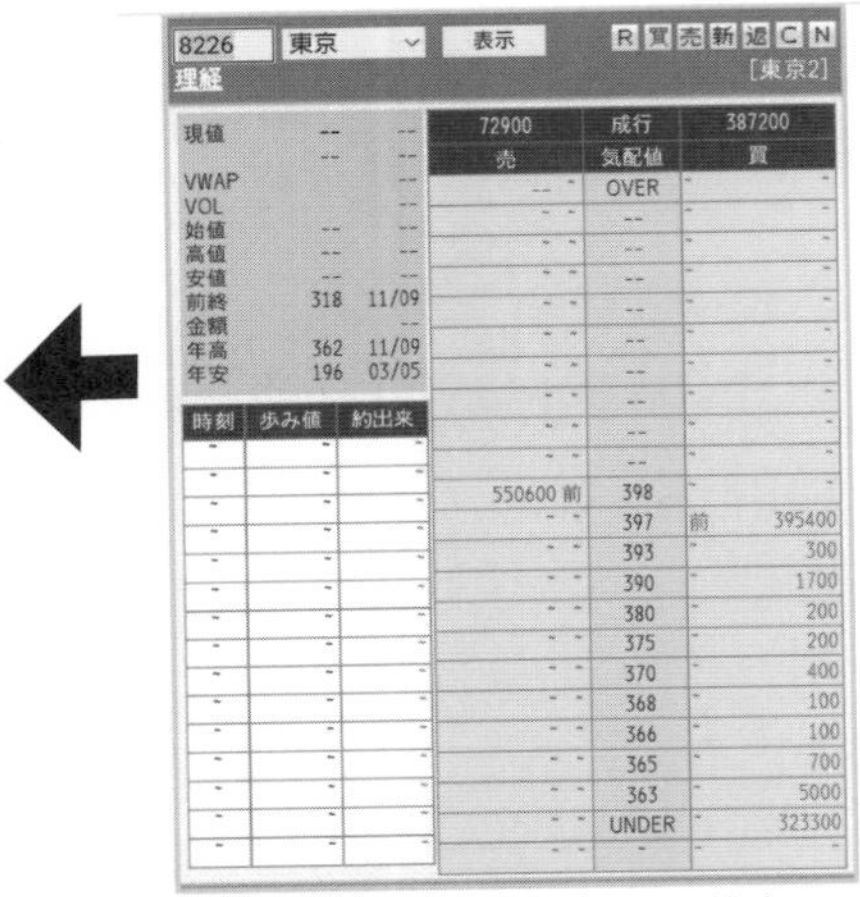

「au カブコム証券」https://kabu.com

寄り付きはさすがに好材料に反応して、売買の枚数が合わず、３分ごとに気配が切り上がる。ようやく売買成立したのは場が開いて21分後のことである。前日の株価は３１８円で、この日の寄り付きは３７７円。59円の値幅である。ＰＴＳの終値３７８円より１円安で始まる。

寄り付き直後は、ストップ高にならなかったことで売りが多く、分足チャートは陰線に。

朝一で、成り行きで売った人に利があった。

このように、**板で東証の取引の状況を見ないとわからない**もの。ＰＴＳを見て早とちりで買った人にうまみはなかった。

有利に利益が出た人は、東証で前の日の終値で買った人である。

9:21　　ある日の【8226　理経】板　　8:34

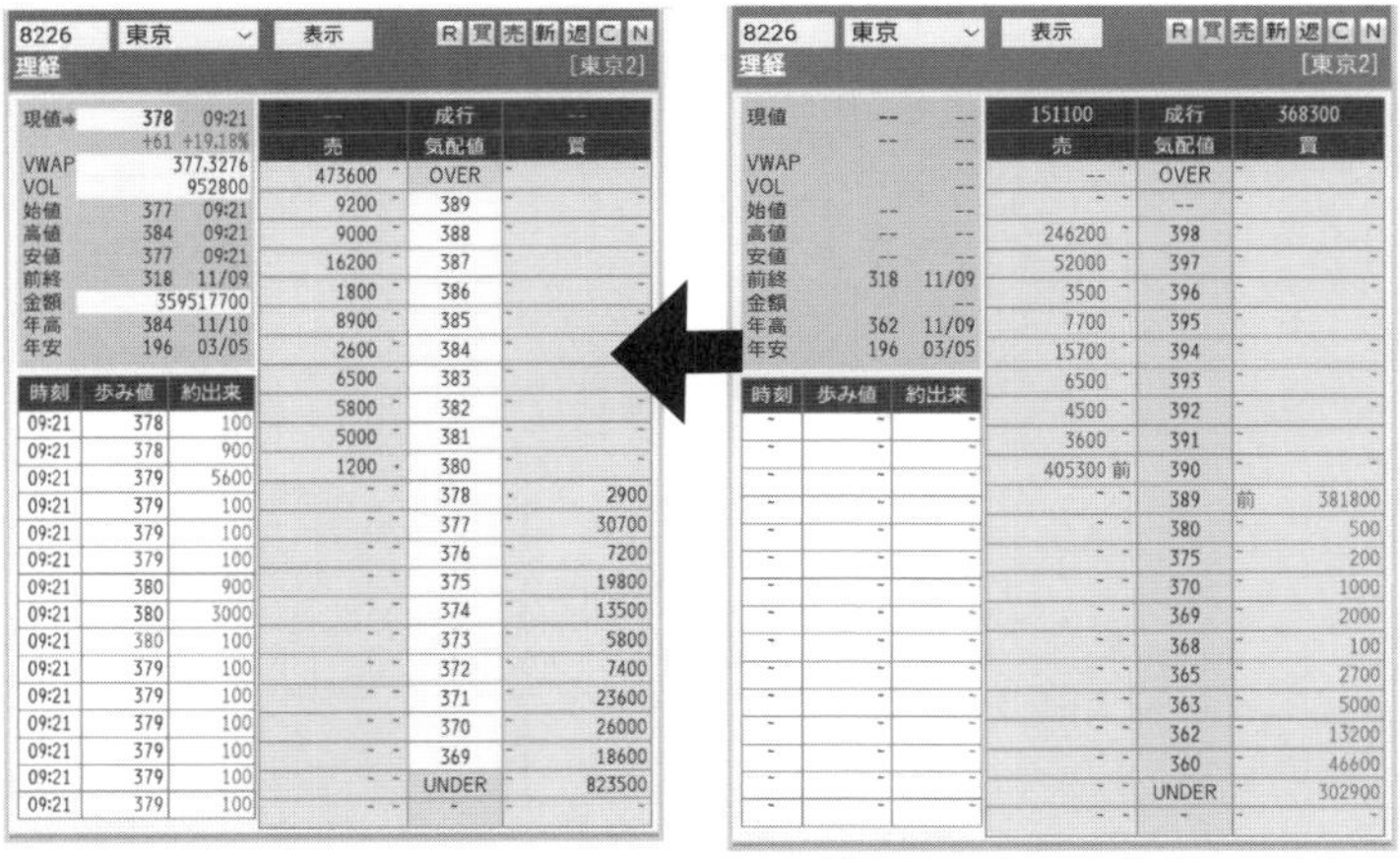

好業績に素直に反応する順張りの板を追う

15期ぶりに最高益をたたき出した日本電子材料（６８５５）。

配当も20円増額のサプライズがあった。

この銘柄は、小型株というよりは中型株。好材料でも簡単にはストップ高にはならない。

おそらく、好材料に反応して、朝から高値追いの株価になると予測。

朝８時の板を見ると、成り行きの買いが売りの２倍強。気配値は前日の１９５２円に対して、２０９９円。

強い。買い有利で、業績の好調を反映している。

ここは、入りたい水準と見る。

ストップ高になってしまうと、その先を買う人が

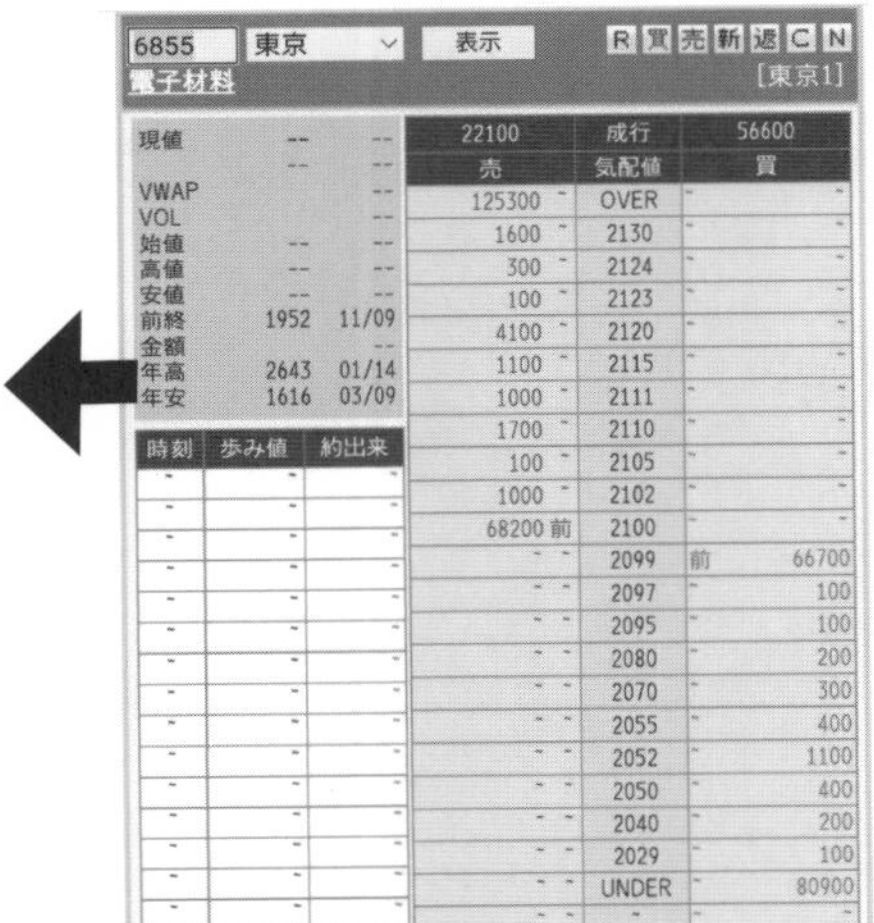

売	気配値	買
22100	成行	56600
125300	OVER	
1600	2130	
300	2124	
100	2123	
4100	2120	
1100	2115	
1000	2111	
1700	2110	
100	2105	
1000	2102	
68200 前	2100	
	2099	前 66700
	2097	100
	2095	100
	2080	200
	2070	300
	2055	400
	2052	1100
	2050	400
	2040	200
	2029	100
	UNDER	80900

「au カブコム証券」https://kabu.com

少ないので、絶好の気配と言える。

９時の寄り付きは２０４０円と静かな立ち上がり。それだけに株価は買いを呼んで、たちまち２１６１円に駆け上がる。

チャートでわかるように、朝からのじり上げで、日足は大陽線。この銘柄に朝一から、板を読んで挑戦すれば、わずか数分で利幅を取れている。

板をよく見ていればこその報酬である。

時流の銘柄に乗りたい人が個人、法人ともに多いので、板を見て上げ過ぎていなければ、素早く乗って利幅を取るのが、今の相場には合っている。

このように、好材料のニュースを織り込んで立ち上がり、その後にじりじり上げる銘柄はいくらでもある。デイトレというよりは「分トレ」で果敢に利益をゲットしたい。

ある日の【6855 日本電子材料】板とチャート

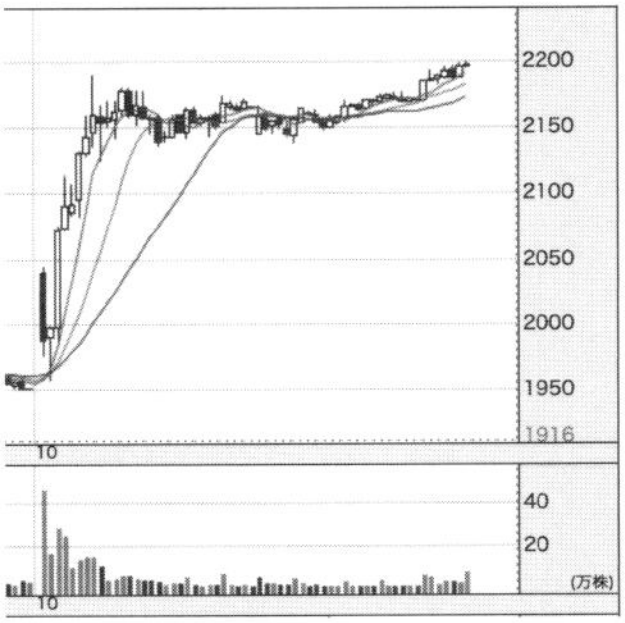

「株探」https://kabutan.jp

6855　東京　表示　R 買 売 新 退 C N
電子材料　[東京1]

現値	2161	09:51
	+202	+10.34%
VWAP	2073.0056	
VOL	1808100	
始値	2040	09:06
高値	2190	09:42
安値	1958	09:12
前終	1952	11/09
金額	3748201400	
年高	2643	01/14
年安	1616	03/09

時刻	歩み値	約出来
09:51	2161	300
09:51	2160	700
09:51	2159	500
09:51	2158	300
09:51	2154	100
09:51	2155	200
09:51	2160	900
09:51	2154	400
09:51	2155	600
09:51	2160	300
09:51	2159	500
09:51	2158	300
09:51	2155	300
09:51	2155	200
09:51	2154	100

--	成行	--
売	気配値	買
242600	OVER	
6200	2170	
4900	2169	
1800	2168	
900	2167	
800	2166	
6200	2165	
600	2164	
500	2163	
200	2162	
300	2161	
	2157	200
	2155	800
	2154	400
	2153	200
	2152	200
	2151	1000
	2150	500
	2149	500
	2148	700
	2147	200
	UNDER	162900
	-	

ニュースで反応する銘柄を小幅に稼ぐ

今の株価は長期、中期では読みにくく、スイング、デイトレで稼ぐのが最適。先のことは誰にも読めないので、**目先の変動を賢く手にして積み上げる**のが賢明と言える。

ここにあげる日産自動車（7201）は低位株。業績はいまいちだが、ある日、日産の技術者に対して「現代の名工」が賞された。鋳鉄溶解の第一人者に対して令和3年度の厚生労働大臣表彰の「卓越した技術者の表彰（現代の名工）」である。

このニュースは、大体が評価される。

株価は、すでに動いており、この日は上げて2日目だが、変動はあると見ているので、朝から気配を監視。

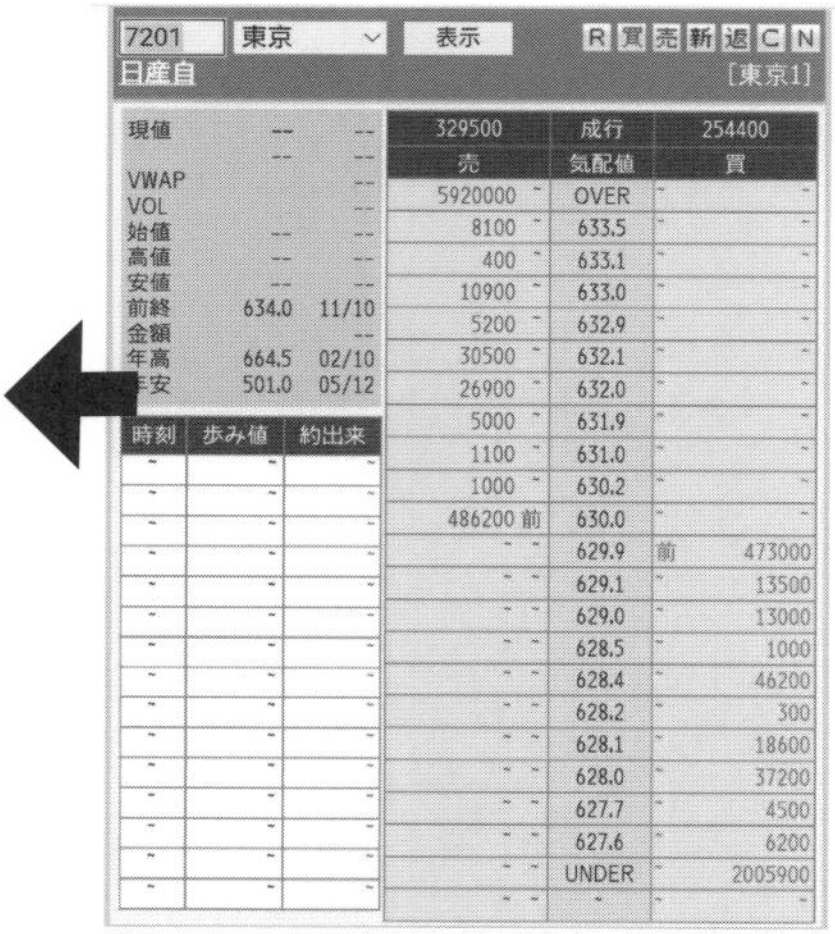

7201 東京 表示 R 買 売 新 返 C N
日産自 [東京1]

現値	--	--
	--	--
VWAP		--
VOL		--
始値	--	--
高値	--	--
安値	--	--
前終	634.0	11/10
金額		--
年高	664.5	02/10
年安	501.0	05/12

時刻	歩み値	約出来

329500	成行	254400
売	気配値	買
5920000	OVER	
8100	633.5	
400	633.1	
10900	633.0	
5200	632.9	
30500	632.1	
26900	632.0	
5000	631.9	
1100	631.0	
1000	630.2	
486200 前	630.0	
	629.9	前 473000
	629.1	13500
	629.0	13000
	628.5	1000
	628.4	46200
	628.2	300
	628.1	18600
	628.0	37200
	627.7	4500
	627.6	6200
	UNDER	2005900

「au カブコム証券」https://kabu.com

前日、大きく上げただけに、この朝は利益確定が多い。電気自動車の材料はあるが、業績で割り負けなので、高値は望めない。

小幅で、６００円程度に１０００株での勝負。指値、６３３円で成約。すかさず、３円幅を狙い、売り指値。

うまくかかる。3円の値幅なので、３０００円の儲けだが、まあいいだろう。

板読みでのスキルアップは、小幅、低位株で身につけたい。

それが、大きな利益、時には「10倍株」をゲットする目標につながる。

とりあえずは小さな成功で、板読み、株の予測を身につける技術を磨きたい。

ある日の【7201　日産自動車】板とチャート

「株探」 https://kabutan.jp

7201　東京　表示　R 買 売 新 退 C N
日産自　[東京1]

現値	636.2	09:00
	+2.3	+0.36%
VWAP	634.3069	
VOL	1540400	
始値	634.0	09:00
高値	637.1	09:00
安値	632.3	09:00
前終	634.0	11/10
金額	977086330	
年高	664.5	02/10
年安	501.0	05/12

時刻	歩み値	約出来
09:00	636.2	100
09:00	636.4	100
09:00	636.3	100
09:00	636.4	400
09:00	636.4	100
09:00	636.3	100
09:00	636.4	500
09:00	636.3	9900
09:00	636.7	100
09:00	636.5	2000
09:00	636.6	800
09:00	636.6	200
09:00	636.6	500
09:00	636.7	200
09:00	636.7	100

--	成行	--
売	気配値	買
5859600	OVER	
100	637.6	
5000	637.5	
1600	637.4	
2200	637.3	
500	637.2	
3200	637.1	
1600	637.0	
1700	636.9	
500	636.8	
1100	636.7	
	636.3	600
	636.2	200
	636.1	1200
	636.0	700
	635.9	1200
	635.8	1200
	635.7	1000
	635.6	1000
	635.5	1000
	635.4	300
	UNDER	2388800
	-	

鬼100則 05

ストップ高の連続からいきなりのストップ安

小型の銘柄の急騰には注意が必要である。

ある日、夢展望（３１８５）に、いきなりの買いが集まって注目の的になった。株価は３００円台、４００円台と手頃。若年女性用の衣料ＥＣ展開で、業績も底入れ。営業益浮上という材料がある。

これまでにない出来高を伴い、急騰の動き。ストップ高が3日も続き、２００円台から５００円となれば、「これは10倍株か」というムードが出てくるので、さらに買いが集まる。

しかし、６２３円を付けるや、いきなり大口の売りが出て大陰線となる。仕手筋の相場操縦だ。

大陰線を見て、一目散に逃げようとしても、翌

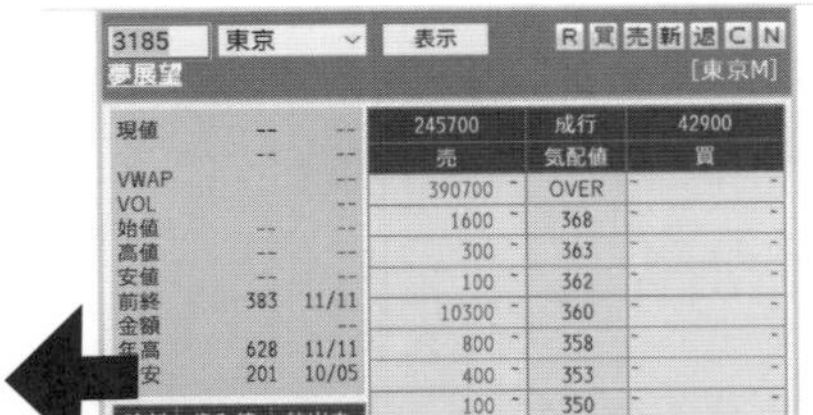

3185 東京 表示
夢展望 [東京M]
現値
VWAP
VOL
始値
高値
安値
前終 383 11/11
金額
年高 628 11/11
年安 201 10/05
時刻 歩み値 約出来
245700 成行 42900
売 気配値 買
390700 OVER
1600 368
300 363
100 362
10300 360
800 358
400 353
100 350
700 344
100 308
248500 前 303
303 前 139300
UNDER

「au カブコム証券」 https://kabu.com

日の朝はストップ安売り気配。これでは売れないと焦るが、寄り付きは急落で何とか売買成立。

ここで逃げないと大変なことになる。

午前の終値はさらに安くなり、2日連続の陰線。

結局600円から300円へ、半値になった。

出来高を見ると、仕手筋が逃げられた形跡はない。

明らかな仕手株の失敗の相場と見る。

大きくストップ高で目立つ銘柄の中には、死屍累々の相場も結構ある。**板のバランスを見て、素早く対応しないと資金を溶かす**ことになる。

逃げるタイミングはストップ高から反転して下落してきた600円割れのタイミングだった。

板を見られない人は、参加してはいけない事例である。

ある日の【3185　夢展望】板とチャート

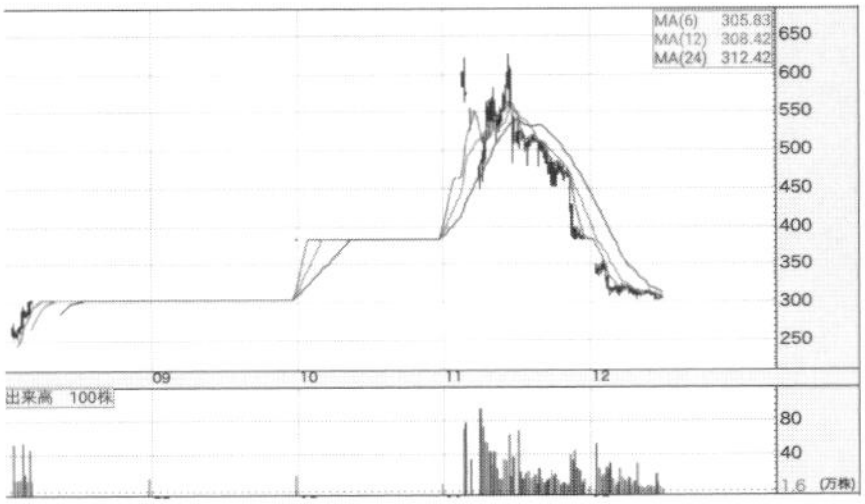

「株探」https://kabutan.jp

3185　東京　表示　R 買 売 新 返 C N
夢展望　[東京M]

現値⬇	341	09:15
	-42	-10.96%
VWAP		342.5930
VOL		571700
始値	343	09:13
高値	351	09:13
安値	336	09:14
前終	383	11/11
金額		195860400
年高	628	11/11
年安	201	10/05

時刻	歩み値	約出来
09:15	341	100
09:15	342	100
09:15	341	500
09:15	342	600
09:15	343	100
09:15	342	700
09:15	342	300
09:15	343	100
09:15	343	400
09:15	343	200
09:15	343	300
09:15	343	100
09:15	344	200
09:15	343	100
09:15	341	1200

---	成行	---
売	気配値	買
483100	OVER	
3600	351	
2900	350	
7100	349	
1000	348	
700	347	
4200	346	
700	345	
1200	344	
3500	343	
1300	342	
	341	100
	340	2700
	339	600
	338	4200
	337	3400
	336	4300
	335	5800
	334	4100
	333	4400
	332	4800
	UNDER	379700
	-	

鬼100則 06

チャートを見て、板確認で入るのが盤石な売買

朝から板を見る以外にも、その日のローソク足、日足確認で板に入り、チャンスをつかむ手もある。

ある日、テレビの株番組で、日本板硝子（５２０２）の報道を見る。日足のチャートは大底での「長い下ヒゲ」。これは教科書的な買いのタイミングである。

板はＵＮＤＥＲが多い、買い有利の形である。歩み値を見ると、１００株単位の個人の参加に交じって、２０００株、３０００株の買いがある。

大口、玄人筋の参加である。

５分足でも、寄り付き下落の後に反発の動き。

下ヒゲの動きだ。

ある日の【5202　日本板硝子】板とチャート

「株探」https://kabutan.jp

大型の銘柄だが、買いがものすごく多いわけではないので、じりじり上がると予測。信用の倍率は3倍強。悪くはない。

この日は売りよりも買いが多い。

チャートに敏感な人の参加が見られる。

材料は再生エネルギーの太陽光パネル関連。

時流に乗る材料があり、アメリカの顧客向けに増産の計画。業績は「黒字化」である。

一番、リスクの少ない、初心者にお勧めしたいトレードのタイミングと言える。

こうした銘柄だけではなく、東証には類似のチャート、業績動向の銘柄はいくらでもあるので、確実に利益を重ねたい人は、この手の銘柄で資産を積み上げてほしい。

何にでも手を出すのではなく、「下ヒゲ」ワ**ンパターンでも、利益は積み上げられる。**

ぜひとも参考にしてほしい。

5202　東京　表示　R 買 売 新 返 C N

板硝子　[東京1]

現値⇒	567	09:45
	+3	+0.53%
VWAP		552.1759
VOL		944800
始値	562	09:00
高値	567	09:44
安値	535	09:04
前終	564	11/11
金額		521695800
年高	785	05/10
年安	455	01/04

時刻	歩み値	約出来
09:45	567	100
09:45	567	100
09:45	567	300
09:45	567	800
09:45	567	100
09:45	567	200
09:45	567	200
09:45	567	2200
09:45	567	200
09:45	567	3100
09:44	567	1000
09:44	566	100
09:44	566	100
09:44	566	1600
09:44	566	200

売	成行 気配値	買
214000	OVER	
8200	576	
8500	575	
36000	574	
13100	573	
11300	572	
11600	571	
36200	570	
9900	569	
11200	568	
900	567	
	566	5900
	565	6400
	564	10500
	563	15500
	562	18500
	561	8400
	560	18800
	559	13400
	558	20300
	557	6800
	UNDER	299200

「au カブコム証券」https://kabu.com

好業績発表の銘柄をゲットする

人気離散の状態であった銘柄が好業績発表でいきなり人気化するのはよくあることだ。

小型の銘柄だと、いきなりのストップ高になってしまうが、初動で入ることができれば、業績に応じた株価までは上がる可能性が高い。

医療サービスのメドピア（６０９５）は、医師向けの情報サイト。製薬企業向けのオンラインサービスが収益源となる。

株価は８０００円台の高値から、３０００円台まで大きく下落傾向であった。

そこに、５割近い増益の業績発表のニュース。

翌日は朝から買いが集まり、気配値はじり高で、寄り付き前にはストップ高買い気配となる。

ただ、買いがものすごく多いわけではないの

ある日の【6095 メドピア】板とチャート

6095 東京 表示 R 買 売 新 退 C N
メドピア [東京1]

現値	3755	09:32
	+700	+22.91%
VWAP	3736.7545	
VOL	387000	
始値	3750	09:27
高値	3755S	09:28
安値	3620	09:27
前終	3055	11/11
金額	1446124000	
年高	8850	01/04
年安	3005	11/11

時刻	歩み値	約出来
09:32	3755	2400
09:32	3755	700
09:32	3755	100
09:32	3755	400
09:32	3755	400
09:32	3755	100
09:32	3755	74900
09:32	3755	300
09:32	3755	100
09:32	3750	200
09:32	3750	1100
09:32	3750	200
09:32	3750	400
09:32	3750	200
09:32	3750	100

25800	成行	201600
売	気配値	買
--	OVER	
	--	
	--	
	--	
	--	
	--	
	--	
	--	
	--	
	--	
77700	3755	
	3755	特 254300
	3750	1300
	3745	500
	3740	800
	3735	500
	3730	800
	3725	200
	3720	400
	3715	200
	3710	400
	UNDER	127900
	-	

「au カブコム証券」https://kabu.com

で、寄り付けば買える可能性もあると見る。

長期にだらだら下げた人気離散の銘柄は、強烈な業績アップで居所が変わる可能性がある。

思惑的な動きではなく、業績が裏付けの銘柄の下値からの反発には、リスクが少ないので乗っても良いだろう。

朝、一時的に寄り付く。

ストップ高の剥がれのタイミングである。

下値からは、窓開けになったが、上げの初日。仕手筋の動きではなく、業績背景であれば、押し目を作る可能性はあるが、下げトレンドから上げトレンドに変わる可能性が大きい。

板も、圧倒的な買いが集まっているので、短期での利幅稼ぎも可能な動きになるだろう。

短期で強《したた》かに、利幅を取りたいチャート、業績、板である。

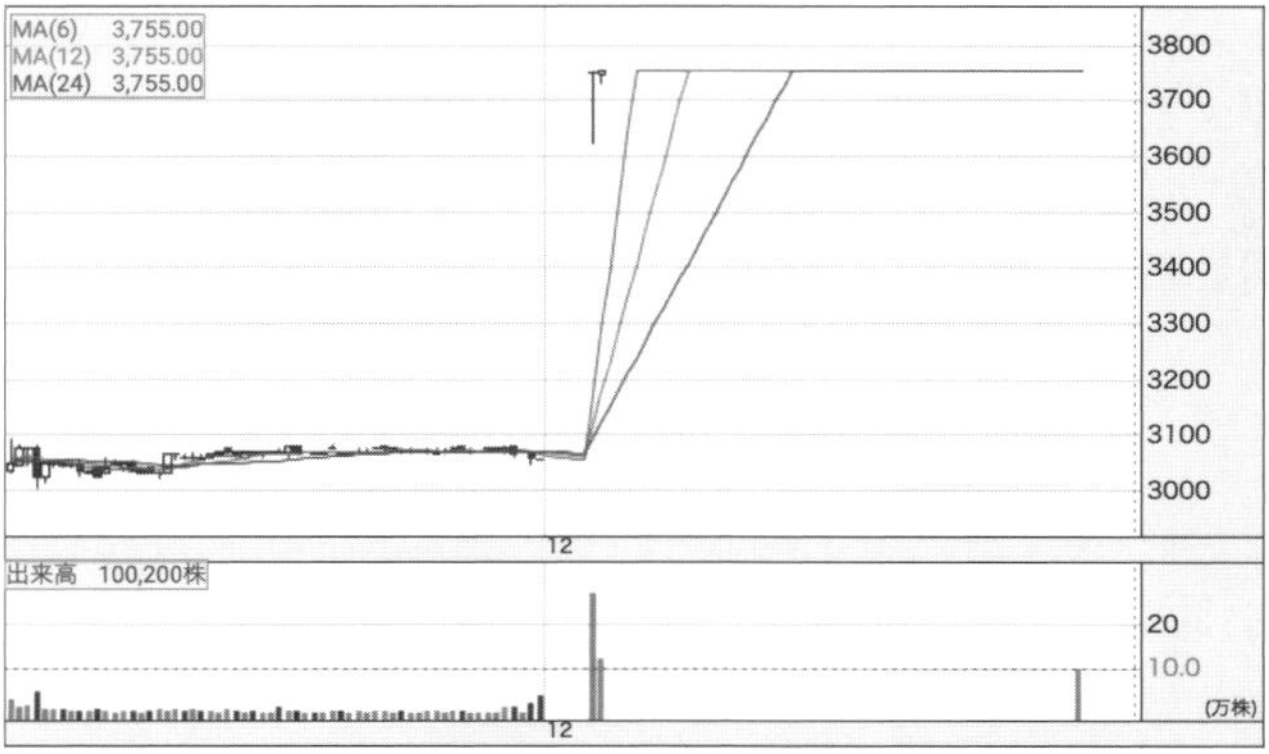

「株探」https://kabutan.jp

NYのSOX指数下落で、半導体のリバウンドを狙う

ご存じのように、執筆時現在、半導体の銘柄は総じて業績好調。IoTやIT、さらに5G時代を迎えて、当面はこの関連の株価は強い傾向がある。

ここでは半導体製造装置で人気銘柄のアドバンテスト（6857）の気配を見る。

この日はNY市場が弱く、この銘柄も弱い気配。前日が9890円で終わっているが、この日の気配は9740円近辺である。

人気の銘柄が、**アメリカの下げで安く始まる時は、リバウンド狙いで朝一で入る**のが、成功率の高い作戦だ。

とりあえず、成り行きで打診買いをする。

SOX指数の下げに驚いた筋、主に個人の慌

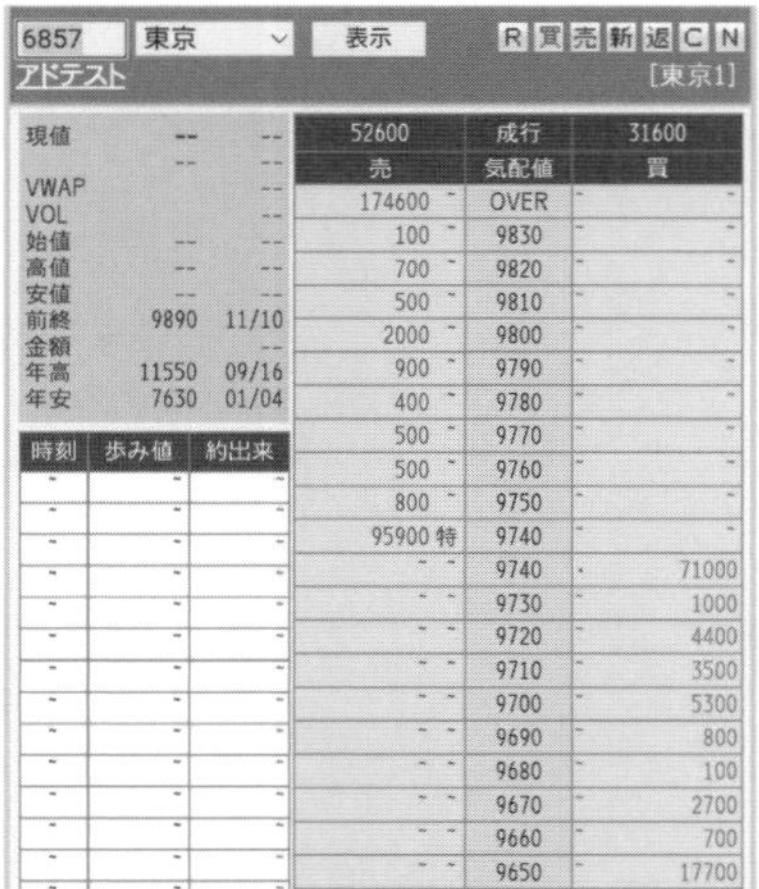

売	気配値	買
52600	成行	31600
174600	OVER	
100	9830	
700	9820	
500	9810	
2000	9800	
900	9790	
400	9780	
500	9770	
500	9760	
800	9750	
95900 特	9740	
	9740	71000
	9730	1000
	9720	4400
	9710	3500
	9700	5300
	9690	800
	9680	100
	9670	2700
	9660	700
	9650	17700
	UNDER	109900

「au カブコム証券」https://kabu.com

て売りだろうが、売りが多く下げて始まる。

しかし、ここはプロや玄人の狙いどころ。

安く寄り付いたが、徐々に株価は切り上げ、朝一の寄り付きに対して、徐々に株価は反発していく。9時40分にはプラス圏を突き抜けて、10020円へと伸びる。

なんと前日比で130円、寄り付きの株価からは300円の値幅である。100株でわずかの時間に3万円の利益を手にできた。

ここで、板を見て、短時間でトレードする有利さが浮かび出る。板、たかが板だが、板の変化は「儲けの最高のツール」。これを使わない手はない。

「板読み」は株で勝つための「宝の山」である。どんどん活用してほしい。

ある日の【6857　アドバンテスト】板とチャート

「株探」https://kabutan.jp

6857　東京　表示　R 買 売 新 返 C N
アドテスト　[東京1]

現値	9900	09:17
	+10	+0.10%
VWAP	9780.0375	
VOL	239800	
始値	9720	09:03
高値	9900	09:16
安値	9720	09:03
前終	9890	11/10
金額	2345253000	
年高	11550	09/16
年安	7630	01/04

時刻	歩み値	約出来
09:17	9900	100
09:17	9900	500
09:17	9890	100
09:17	9890	100
09:17	9890	200
09:17	9890	200
09:17	9890	200
09:17	9890	100
09:17	9890	100
09:17	9890	1000
09:17	9900	500
09:17	9890	200
09:17	9900	100
09:17	9900	700
09:17	9900	700

売	気配値	買
--	成行	--
165600	OVER	
6200	9990	
3500	9980	
3300	9970	
3600	9960	
7100	9950	
6800	9940	
4700	9930	
5600	9920	
4200	9910	
1800	9900	
	9890	1100
	9880	3700
	9870	3500
	9860	9100
	9850	5100
	9840	5000
	9830	4000
	9820	3700
	9810	3000
	9800	3700
	UNDER	164200

鬼100則 09

ミラーレスカメラで復活の銘柄に乗る

ニコン（7731）は、一眼レフカメラの老舗《しにせ》。プロ向き、アマチュアにも根強い人気のある銘柄。かつ、半導体製造装置の材料もある。

一時はスマートフォンの登場でデジカメが不振となり業績が落ち込んだが、ここに来て、ミラーレスカメラ、特に高価な上級機種に注文殺到で生産が追いつかない状況である。

株価もこれを織り込みつつあるが、まだ、初動。

ある日の朝の板を見る。

ほとんどが100株、300株と小口が目立つ。たまに、3000株くらいの歩み値。

ほとんどが小口で、時折、大口が入る程度だ。

この**初動に乗るのが、投資の基本**である。

再度、板を確認して、若干の上げで順張りをする。

インスタグラムの波に乗り、今後が期待でき、さらに、政府の補助金が半導体露光装置に出るので、それを見込んで、この銘柄に目をつける。株で勝つための重要な投資スタイルである。

ある日の【7731 ニコン】の動き

日足チャート

5分足チャート

「株探」https://kabutan.jp

7731　東京　表示　R 買 売 新 返 C N
ニコン　[東京1]

現値➡	1194	09:32
	+23	+1.96%
VWAP	1191.7596	
VOL	656100	
始値	1193	09:00
高値	1198	09:06
安値	1184	09:00
前終	1171	11/12
金額	781913500	
年高	1360	09/10
年安	633	01/04

時刻	歩み値	約出来
09:32	1194	300
09:32	1194	100
09:32	1194	1600
09:32	1194	200
09:32	1193	200
09:32	1193	1100
09:31	1193	1400
09:31	1193	100
09:31	1193	100
09:31	1193	300
09:31	1193	4600
09:31	1193	1000
09:31	1194	100
09:30	1193	300
09:30	1193	400

--	成行	--
売	気配値	買
410200	OVER	
30500	1203	
8000	1202	
7800	1201	
48200	1200	
35300	1199	
15500	1198	
25700	1197	
21500	1196	
10100	1195	
7000	1194	
	1193	3100
	1192	9300
	1191	8100
	1190	21000
	1189	20800
	1188	45500
	1187	8300
	1186	7800
	1185	8900
	1184	31700
	UNDER	211900

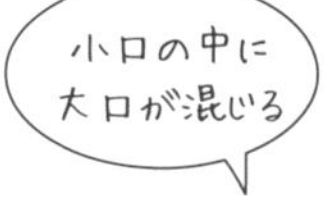

「au カブコム証券」https://kabu.com

鬼100則 **10**

業績大幅上方修正のニュース速報は朝一では買わない

「株探」では、毎日のように、業績動向のニュースが出る。

これに皆が注目するので、朝一は大きく跳ねるのが一般的である。

ある日の朝、ＭＲＴ（６０３４）が朝から跳ねた。

前週末に21年12月の業績予想を上方修正。営業利益を11億５０００万円（前期比で４・4倍）。まさに、驚異的な数値。

しかし相場は、「皆が知った時は慌てて買うと危ない」。

この日の朝の板は、９時半過ぎに３５０円も高く始まる。

「寄り天」か。少し冷静に板を追いかける。

1時間後にはやはり、１５０円程度に落ち着く。

6034 東京 表示 R 買 売 新 返 C N
MRT [東京M]

現値↓	2052	09:34
	+352	+20.70%
VWAP	2085.0851	
VOL	311400	
始値	2100	09:27
高値	2100S	09:27
安値	2028	09:30
前終	1700	11/12
金額	649295500	
年高	2468	09/01
年安	1089	03/05

時刻	歩み値	約出来
09:34	2052	100
09:34	2055	600
09:34	2055	100
09:34	2051	100
09:34	2051	100
09:34	2051	100
09:34	2051	100
09:34	2052	100
09:34	2056	100
09:34	2056	200
09:34	2054	300
09:34	2055	100
09:34	2055	900
09:34	2056	100
09:34	2058	100

--	成行	--
売	気配値	買
25900	OVER	
200	2066	
500	2065	
100	2064	
200	2063	
200	2061	
1200	2060	
200	2059	
600	2057	
200	2056	
200	2055	
	2051	100
	2050	100
	2049	100
	2048	200
	2046	400
	2044	100
	2043	200
	2042	100
	2040	4500
	2039	700
	UNDER	109100

「au カブコム証券」https://kabu.com

朝からのローソク足は「大陰線」である。

こういうニュースに、朝一から飛び乗ると、大体が失敗する。

板を見ていれば、業績発表までに買った筋の利益確定の餌食になるケースだとわかる。

もし、手掛けるならば、落ちてきてリバウンドのタイミングで入るのが賢明と言える。

付和雷同の投資で個人投資家はいつもやられる。ここから、脱しなければならない。

それを教えてくれた、板と歩み値だ。

ちなみに、大口の売買はあまり見られない。個人中心のババ抜きである。

投資は、安定的に儲けている基幹の銘柄の押し目を買うのが成功率が高い。**一時的な変化率で買うのはリスクが高い**のだ。

ある日の【6034　MRT】板と５分足チャート

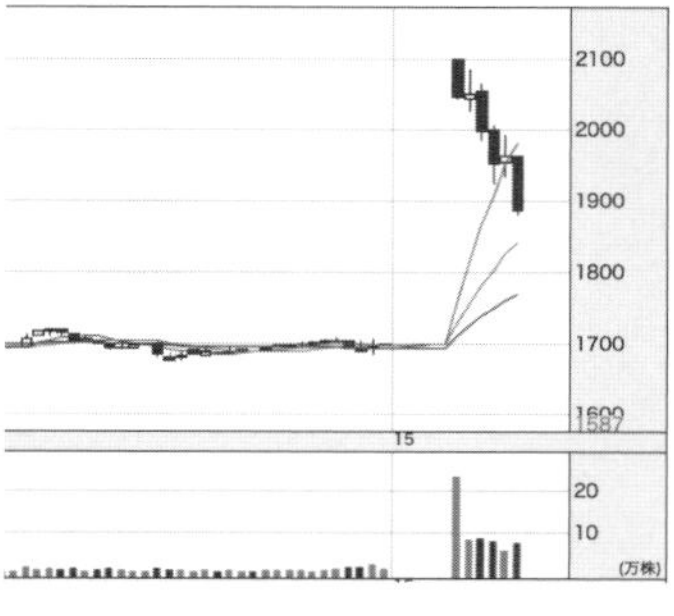

「株探」https://kabutan.jp

6034　東京　表示　R 買 売 新 退 C N
MRT　[東京M]

現値⇩	1856	10:34
	+156	+9.17%
VWAP		1970.5932
VOL		924000
始値	2100	09:27
高値	2100S	09:27
安値	1837	10:01
前終	1700	11/12
金額		1820828100
年高	2468	09/01
年安	1089	03/05

時刻	歩み値	約出来
10:34	1856	100
10:34	1859	500
10:34	1857	200
10:34	1858	100
10:34	1859	200
10:34	1860	400
10:34	1860	300
10:34	1860	100
10:34	1860	300
10:34	1860	100
10:34	1860	100
10:34	1860	100
10:34	1860	100
10:34	1860	200
10:34	1861	100

--	成行	--
売	気配値	買
125100	OVER	
200	1871	
1400	1870	
300	1869	
300	1868	
300	1866	
2100	1865	
100	1864	
1200	1863	
400	1860	
300	1859	
	1856	400
	1855	600
	1854	600
	1852	300
	1851	300
	1850	1800
	1849	600
	1848	600
	1847	200
	1846	200
	UNDER	122700
	-	

第1章

板を制すれば株を制す

我々はこの膨大な情報量を、全部飲み込むのではなく、どれが自分に必要かを判断する、テクニックを身につけなければならない。

手塚治虫

痛い目にあったのはいつも
「自分の判断が正しいと自信を持ってゲームに臨める時にしか、相場に入らない」
という原則を守ることができない時だった。

ジェシー・リバモア

鬼100則 11

時々刻々と欲望を露わにする「板」

株の売買で「板情報」はなくてはならないものである。

株の取引の管理は、「板寄せ」と言い、それぞれの銘柄に対する「売り希望」「買い希望」の注文が株価と枚数を突き合わせて行われる。

昔は、黒板で行われていたので「板」という名残があり、そこから古色蒼然とした匂いを感じ取る人もいるだろう。

しかし今は当然ながら、コンピュータ上のシステムで行われている。

注文が入れば、すぐに反映され、証券口座を持っていれば誰でも見ることができる。

その動きを見て、投資家は「売り」「買い」の判断をし、売買のタイミングを計るのである。

売買には絶対に必要なのが「板」であり、株の売買の「一丁目一番地」だと言える。

このデータは、東京証券取引場などがもとになり、東証一部、二部などの取引場から、証券会社のＷＥＢに配信される。

取引場から証券会社のサイトに届く時差、すなわち我々の取引画面との時差は０・何秒。ほとんど、瞬時で時差はないと言っていいだろう。

刻々と変わる株価は、「歩み値」の形で証券会社のサイトやアプリに表示され、株価の売買の成立がわかる。

同時に、1分足、5分足、15分足などと、ローソク足が表示され、投資家に株価の変動を知らせる。

株式投資では今、ローソク足を基本とした、さまざまなチャートが株価変動のありのままを見せるべく提供され、私も大いに売買に役立てているが（チャートについては『株価チャートの鬼１００則』を参照のこと）、その前の目まぐるしく変化する株価は「板情報」が基本である。

それをもとに、チャートが作られる。

すべての売買の基本は「板」以外にはない。

株の売買では、この「板情報」を読むことが前提になる。

鬼100則 12

板はリアルタイムの売買のすべて

株式投資の究極のデータは「板情報」である。

時々刻々と変わる取引の現場が板であり、それを時系列的に描いたものがチャート。すなわち、ローソク足だ。

その意味では、ローソク足は「過去のデータ」と言えるが、板はリアルタイムの瞬間瞬間を切り取って見せるデータであり、目の前の現実の株価の動きを示す。

さらに、時々刻々と変わる株価と成立した売買の枚数の動きから、チャートだけでは読めない株価の息づかいが読める。

これは世界中の投資家が見ている。

日本人だけではない。ニューヨークで、アラブで、中国でも見ているのだ。

不人気な銘柄は板の動きが極めて緩慢だが、人気のある銘柄の板の動きは忙しい。目が回るような「チカチカ」した状態で変化する。
上に行くか、下に行くか。
どのくらいの数量が売買されているか。
大口はどのくらい参加しているか。
１００株単位の個人投資家はどのくらい参加しているか。

すべては板の動きで読める。

売買のチャンスが可視化されるのが板であり、それを読み解くことで成果が上がるわけである。

ちなみにあなたは「リアルタイムでチカチカ」する板を見ているだろうか。パソコンの売買画面では、「動かない」板を掲載している証券会社もある。仕様を確認して「動く」板を見る環境を作ろう。

	成行	
売	気配値	買
26500	OVER	
2300	1600	
3800	1599	
8800	1598	
	1597	111400
	1596	25000
	1595	8800
	UNDER	502200

鬼100則 13

朝の8時から始まる気配値

市場が開くのが9時からだから、戦いは9時に始まると考えていないだろうか。否、**株式市場の「朝一番」は朝8時**である。

取引がある日の朝の「気配値」は、朝の8時ジャストからパソコンや端末の証券サイトやアプリの「板情報」(「板」「気配値」表記の会社もある)に表示されるのだ。

それぞれの**銘柄が「強いか、弱いか」は、その朝一番の板の「売買のバランス」でほぼ予見できる**。

成り行きの買いが売りに対して圧倒的に多ければ、その銘柄は朝の寄り付きで大きく上に飛んで売買が成立することが想像できる。

株の取引は想像する、予見する。これが大切である。

8時ジャストに表示される売買の気配値だが、指値注文、成り行き注文は、前の日の引け後から、8時までに出されていたものである。

その時点で、投資家がそれぞれの銘柄について、どのような考えを持ち、売買の注文を出しているかがわかる。

前の日に報道されたすべてのニュース、企業業績の決算数値、さまざまなリスク、ＮＹ相場動向、すべてを織り込んで数値として現れたものである。

前日の大引けの15時以降のさまざまな情報が朝の8時の気配に凝縮されているのである。

企業の決算の数値など、市場に与える反響が大きいニュースは、大体が、場中での株価の大きな変動を避けるために、15時過ぎに発表される。

場が終わった後の発表なので、その情報の評価は翌朝の8時の板に初めて現れるのだ。

だから、8時きっかりの板は美味しい。

注意して板を見たい。

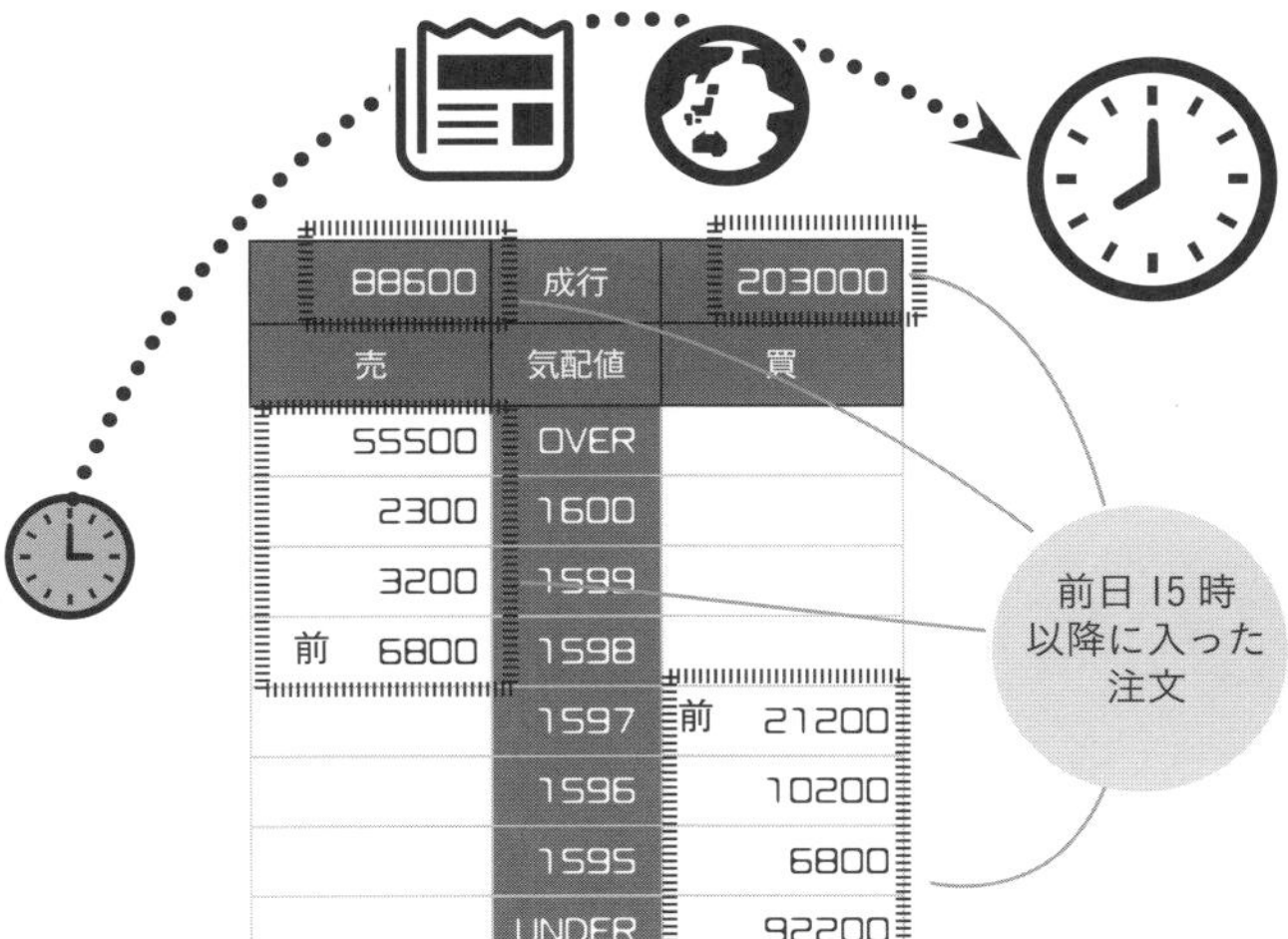

88600	成行	203000
売	気配値	買
55500	OVER	
2300	1600	
3200	1599	
前　6800	1598	
	1597	前　21200
	1596	10200
	1595	6800
	UNDER	92200

鬼100則 14

寄り付き前の変化で思惑を窺う

とはいえ投資家の「買うか、売るか」は、8時前の情報だけで判断するわけではない。出勤途中の電車の中で情報をチェックして9時の始業前に注文を出すサラリーマン投資家もいれば、取引が始まり、株価の動きを見て動く投資家もいる。

その点では、朝一の板がすべてと早合点をしてはいけない。

前日引け後のさまざまな動き、情報などのすべてが8時きっかりの板に反応してくるわけではないのは当然であろう。

ただ、売買の注文は「朝一」(の8時)に集中しやすいので、9時の取引前の板の動きを見ることができる人はしっかり見て相場に臨みたい。

板の気配は当然ながら、8時過ぎにも刻々と変わる。

なぜ変わるかと言えば、朝の板の売買の気配を見て、「買うか、売るか」の作戦を考える投資家が多くいるからである。

前の日の決算のデータが思ったより良くない、サプライズではないと皆が判断すれば、板の気配に出てくるので、その衆目の判断を参考にして注文が出てくる。

また、「ストップ高買い気配」の板になれば「我先の買い注文」が集まりやすい。

その意味で、**板の気配そのものが重要な情報そのものである**。

投資家は目の前の板のバランスを見て、注文への姿勢を決める傾向がある。

ただ気配値を見て、売買の都合で意図的な大量の「見せ板」を出して、有利に売買しようとする動きもこの中には含まれる。

追々、それらも話していこう。

88600	成行	203000
売	気配値	買
12500	OVER	
300	1600	
1200	1599	
前　1900	1598	
	1597	前　21200
	1596	10200
	1595	6800
	UNDER	92200

128600	成行	412000
売	気配値	買
15500	OVER	
400	1622	
2000	1621	
前　3500	1620	
	1619	前　61200
	1618	50200
	1617	36800
	UNDER	122800

鬼100則 15

NY株価、前夜のPTSが板に影響される

個別の銘柄が新商品などの材料で上下するのに加えて、市場全体が動く波も見なくてはならない。

板、すなわち、売買の売りと買いの枚数に影響しやすい経済指標は、朝方終わったNYの**ダウ平均**、**ナスダック**、**S&P500**、それに米国長期金利、原油相場、金相場、為替相場、アメリカ政府高官の発表などである。

これを見て、どの銘柄に注文を出すのか、どの銘柄を切り捨てるのかを判断して注文する。

その集積が「板の気配」に集約される。

チャートにはまだ刻まれていない、板に現れた売買希望の数値の状況で「売るか、買いか」を判断することになる。

また前の日の17時から24時前のＰＴＳ（私設市場）での値動きも影響する。

ＰＴＳは、証券取引所を経由せずに証券会社を窓口にして夜間の取引などを行う、言ってみれば、場外市場のようなものだ。

ＰＴＳでは前日引け後の好悪の材料を敏感に織り込んで取引された結果が目の当たりにできるので、特に、大きく変動した銘柄の朝の成り行きにも注目したい（ただし、個人投資家の取引が大半）。

もちろん、「材料への未消化」というのもある。

せっかくの好材料でも、投資家や市場が他の情報に気を取られて、注文や気配の株価に反映されていない場合もある。

それはむしろ、チャンスである。

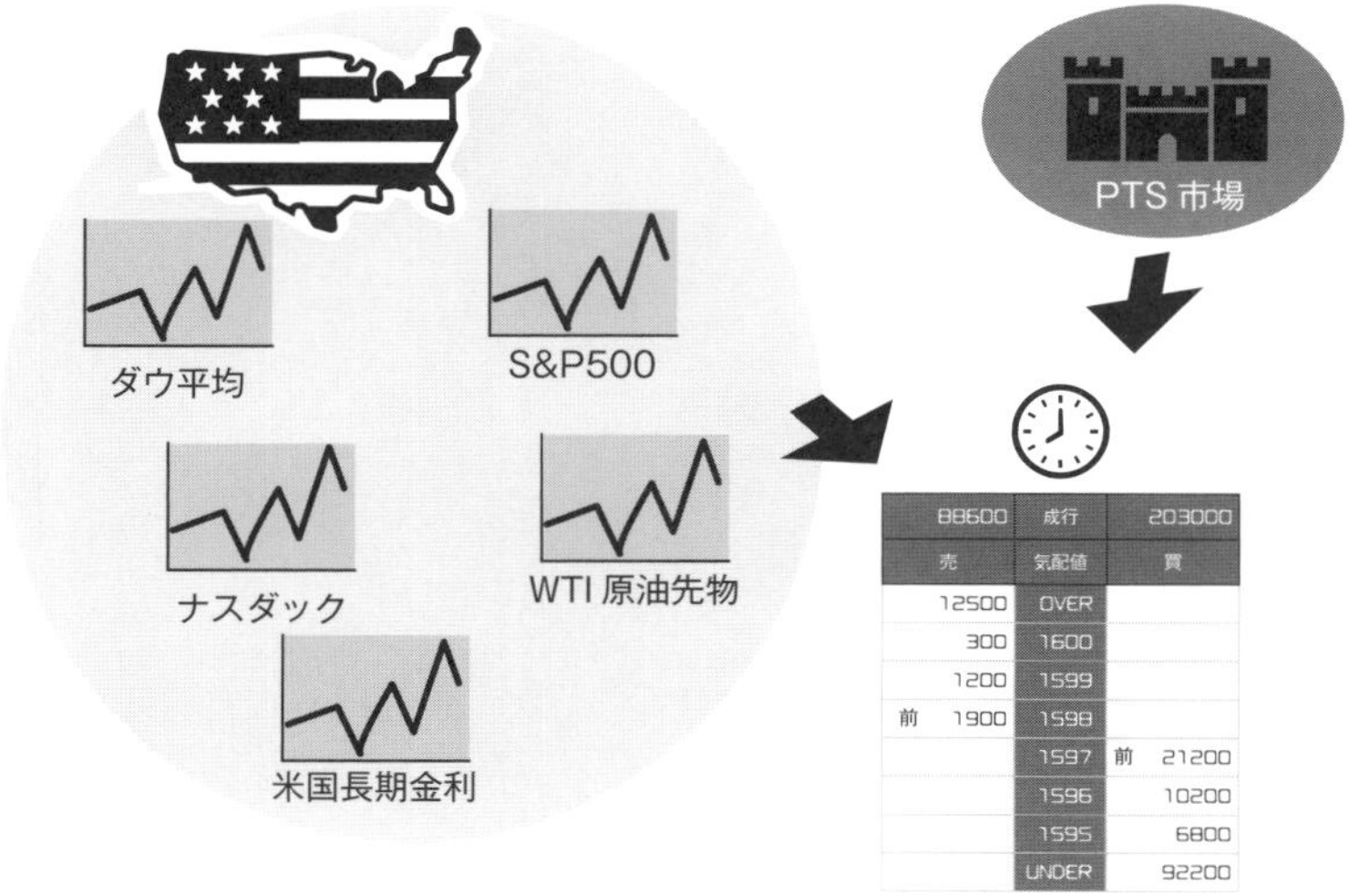

88600	成行	203000
売	気配値	買
12500	OVER	
300	1600	
1200	1599	
前　1900	1598	
	1597	前　21200
	1596	10200
	1595	6800
	UNDER	92200

鬼100則 16

気配値を見て、注文が入る

朝一（8時）の板で「強いか、弱いかが予見できる」と語ったが、その日一日、8時の時点の数値を引きずるわけではない。

見えるのは、あくまで「今の強さ」である。

朝、8時からの板の変化を見ればわかることだが、売買の注文のバランス、数量は、一日中、8時の時点の強さ、弱さの傾向を継続するとは限らない。

たとえば投資家、特に大口は、買いたい銘柄があると、できるだけ安く買うために、実際は売る予定のない数量の「売り注文」を出してくることがある。

それは8時の板を見た後の動きである。

その「売り気配」を見て、「逃げなければ」と、個人投資家が付和雷同の売り注文を出せば、適度に値が下がり、大口や仕手筋の思うつぼである。

板にあるのは、すべてが自然発生的な注文ばかりではない。

急激に上げ下げする中小型株の板を見ていると、ほとんどに「意図的」な売買が入っていることがわかる。

妙な価格帯に突然現れ、そして忽然《こつぜん》と消える注文に、操縦したいと考える勢力の操作が露わになっている。

このことを心得て、トレードに臨まなければならない。

1つ言えるのは、いかなる不自然な板の動きがあったとしても、極めて大きな好材料、チャートの上げトレンドの初動は、むしろ板が弱ければ「これ幸い」と判断して買いに回る決断が必要ということだ。

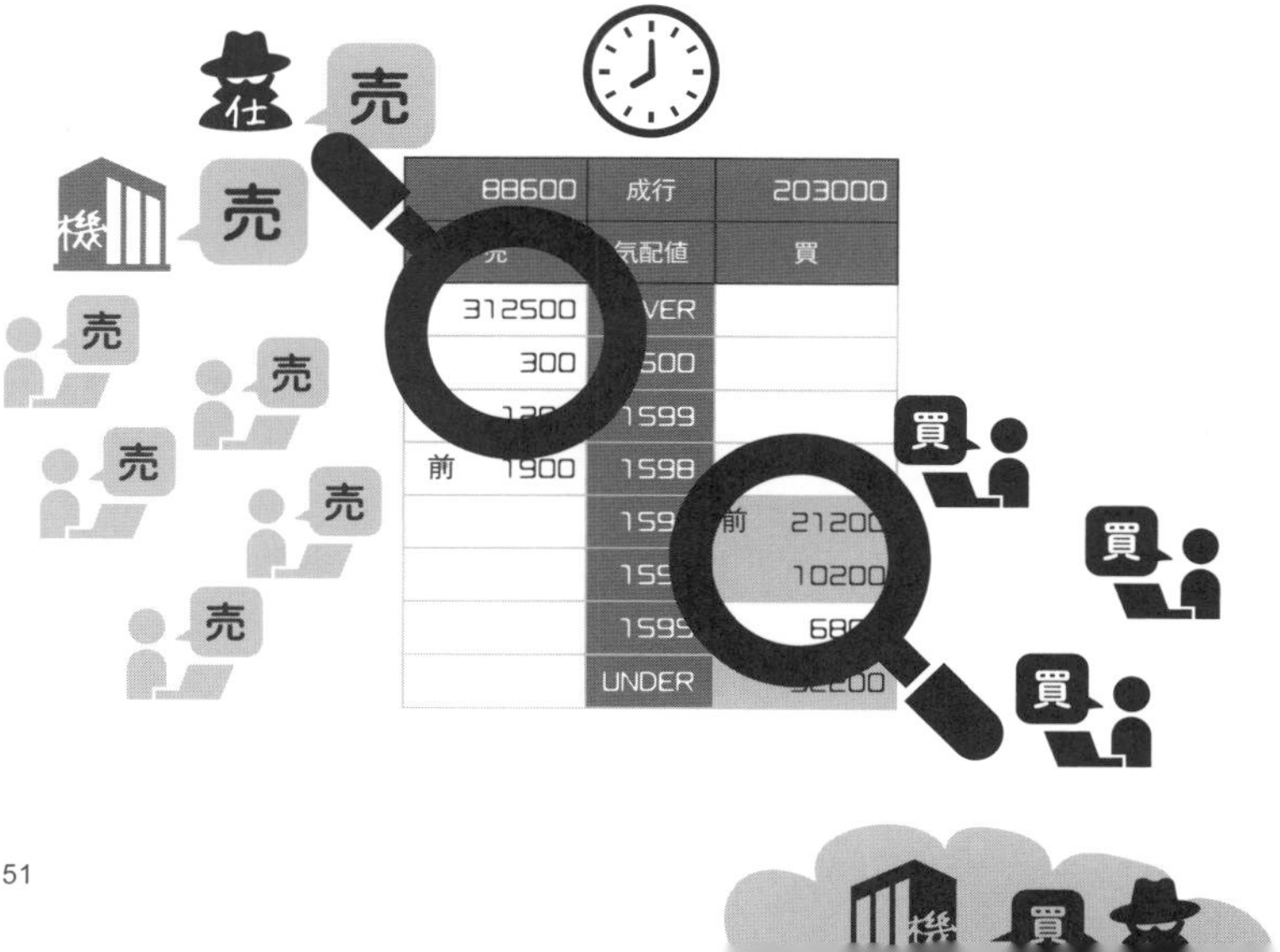

板には意図的な注文も入る

8時に始まった板の気配。

しかし、そのバランスの通りに寄り付き前まで、さらに、寄り付きの後も同じように推移するわけではない。

前項でも伝えたように、板は、意図的に操作される。

しかも、戦略的に、大口の注文で。

これを心得ておくことが大切である。

特に、小型で発行株式の少ない銘柄では、注意が必要だ。

前日に驚くような好決算が発表されたりすると、まずは夜間のPTSで反応し、翌日の朝一の寄り付き前の板に反映され、少しの注文でストップ高、ストップ安の板になってしまう。

ただ、ここで気を付けなければならないのは、**朝一でストップ高で張り付いても、「やれやれの売り」が出てきて、9時以降に株価が急降下する可能性もある**ことである。

さらに、9時以降の取引で、ストップ高になっても、途中で「剥がれる」こともあり、せっかく、強い気配で購入できても、翌日はストップ安にもなりかねない。

そこで、ストップ高の材料について、その業績が会社の成長に大きく寄与する内容なのか、それとも、一時的な資産売却での上げなのか、見極めなければならない。

朝一で強い板でも、その「買い」に対して、利益確定のチャンスを待っている投資勢力がいることも認識して行動しなければならない。

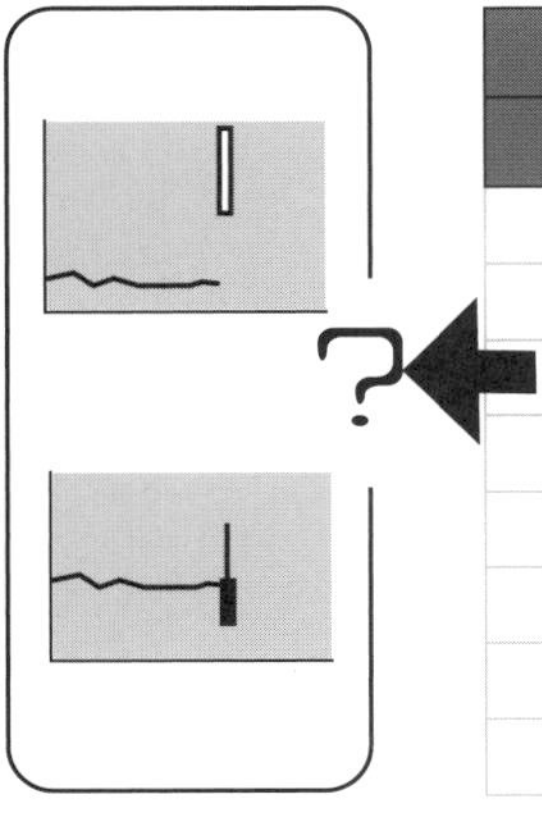

15000	成行	203000
売	気配値	買

	14020	S 41200
	14015	10200
	14010	6800
	UNDER	192200

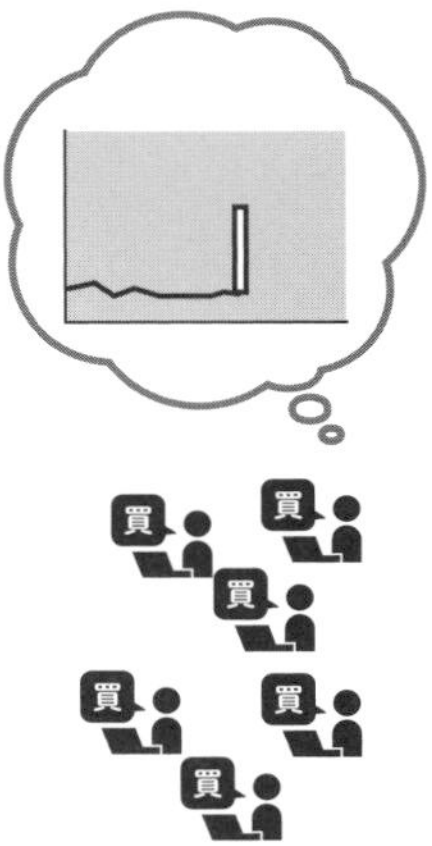

鬼100則 18

9時前に急変する板がある

朝9時が、取引所の取引開始時間である。

朝8時から見てきた取引開始前の注文。

実はそれがすべて、売買成立するわけではないことに留意しなければならない。

最も警戒したいのは、動きの激しい銘柄では、**9時前の板は「見せ板」が多い**ということである。

その銘柄に入っている仕手筋は、できるだけ有利に売買をしたいと考えるので、それを心得て資金を投入することが大切である。

大口なり、仕手筋は、有利な売買をするためには「何でもやってくる」と言っても過言ではない。

市場とは、稼ぐとは、そういうことなのだ。

そのために、安く買いたい時は、大量の「売り玉」を出してくる。

「売りが多いな」「売らなければ」という印象を市場に与えるためである。

逆に、高く売りたい時は、大きな買い玉を見せて、「これは上がるな」という強気筋を誘う板を演出する。

これはよくあることである。

それで、無数の投資家を誘導して、9時の取引手前ぎりぎり、8時59分50秒あたりに「ぱっと消す」。

この早業は、なかなかわからない。

直前の気配を信じた人は「乗せられた」「餌食になった」ということになる。

市場には「魔物」「魑魅魍魎《ちみもうりょう》」が潜んでいる。

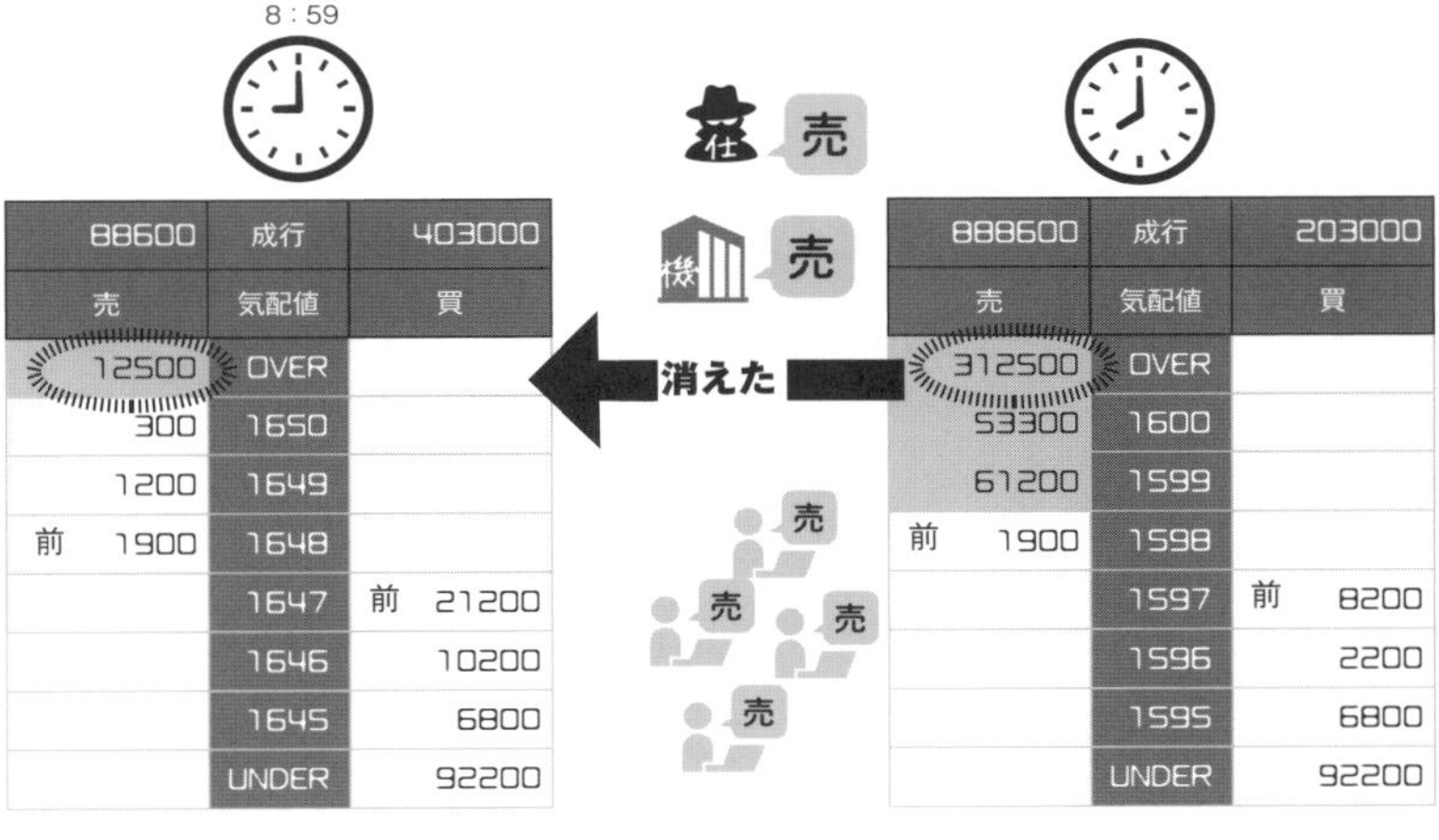

888600	成行	203000
売	気配値	買
312500	OVER	
53300	1600	
61200	1599	
前　1900	1598	
	1597	前　8200
	1596	2200
	1595	6800
	UNDER	92200

88600	成行	403000
売	気配値	買
12500	OVER	
300	1650	
1200	1649	
前　1900	1648	
	1647	前　21200
	1646	10200
	1645	6800
	UNDER	92200

鬼100則 19

9時過ぎの「ザラ場」の板で読む

朝の8時から9時ジャスト直前までは、寄り付き前の**気配値**と言う。

9時ジャストの寄り付きの後の取引から11時30分直前の引け前までは「**ザラ場**」と言って、**リアルタイムの売買が次々に板に反映**されることになる。

9時の寄り付き直後は、これまで語ってきたような前日引け後からのあれこれを盛り込んだ売買となるが、そこからの展開は売りと買いの注文のしかた、時々刻々と成立する株価の方向性を見ながら強弱観が対立して相場が形成され、板ができる。

12時半から15時までの後場も同様だ。

途中、12時5分から12時30分直前までは、「後場の気配値」として表示されるが、これは前場の寄り付き前の気配値と同じように、後場が始まる前の売買の気配であり、当然ながら、後場の相場にもダイレクトに影響する。

前場前と同じように、後場に向けて、さまざまな操作があることは、むしろ当然と言っても過言ではない。

12時半から15時までのザラ場の間には、主に、中国や欧州、さらに、後場に発表される企業業績や政治・経済のニュースの影響を受ける値動きがある。

これは単なる売りと買いの統合による値動き、株価の変動ではなく、ニュースなどの材料含みの株価の変動で、よくあることだ。

これにどのように対応するかだが、板の急激な変動があり、その材料がわかれば、分トレではないが、超短期の勝負で挑まない手はないと言える。

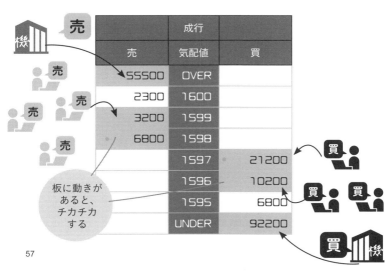

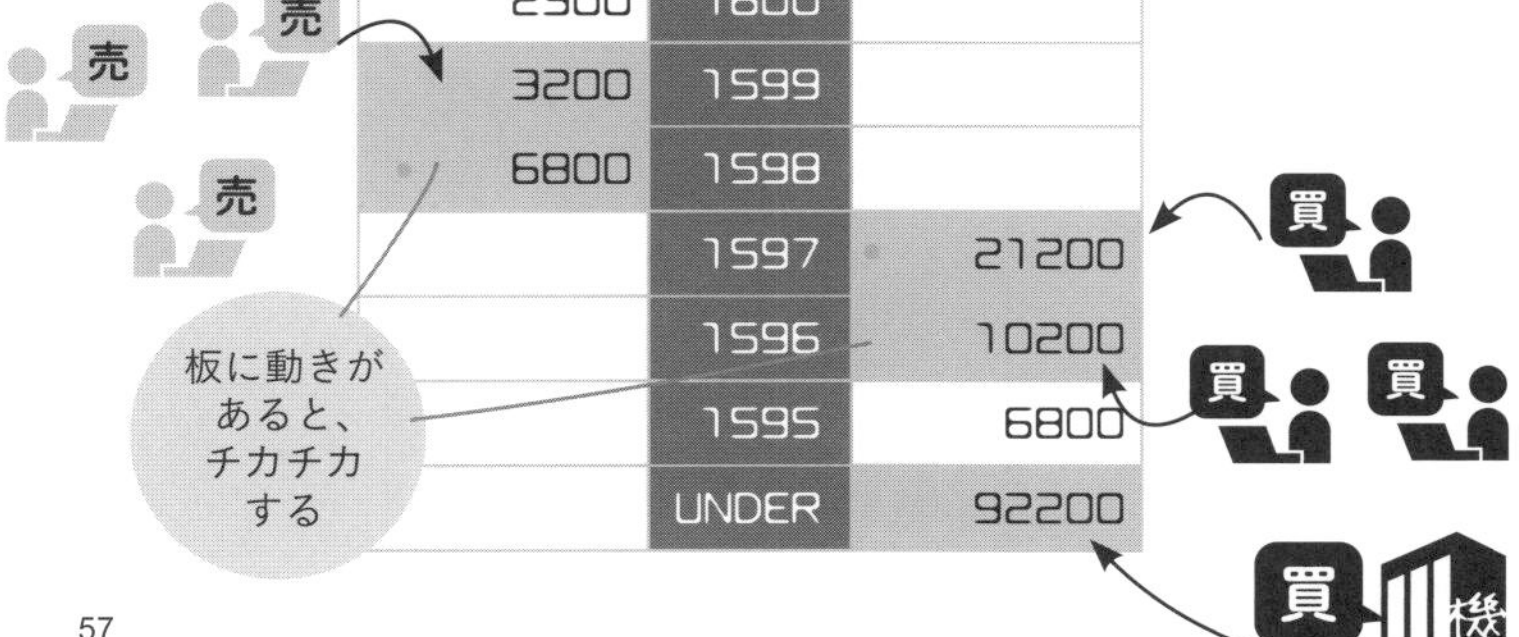

第2章

板の動きの仕組みを知る

テクニックばかりに気を取られる人たちは
すべてにおいてミスをする。

サルバドール・ダリ

経験というのは、莫大なお金に匹敵する価値がある。
ただ、ほとんどの人が、その経験を学びに使わない。

ベンジャミン・フランクリン

板は株価と注文が合って成立する

この章では、改めて「板が動く」仕組みや、板に表示される用語について話していこう。数字は苦手、という諸君にも、とっつきやすく計らいたい。

板にはそれぞれの銘柄に対して入った「売り」「買い」の注文数量がリアルタイムで表示される。

発注したものの、それが成約するかどうか（＝**株価の成立**）は、ある株価において、**同じ量が集まること**が重要である。

たとえばリンゴを売買する時で考えると、「100円で買いたい」人と「100円で売りたい」人、双方があって初めて売り買いは成立する。

つまり「リンゴ1個100円で買いたい」思惑と「リンゴ1個100円で売りたい」思惑という売買で、めでたく1個100円の価格で成立する。

ところが、「リンゴ５００個を、１個１００円で買いたい」となれば、「リンゴ１００個を、１個１１０円で売りたい」というのは成立しない。

また、「１００円で売る」という売り手がいても、「どうしても90円で」という買い手しかいなかったら、成立しない。

当たり前のことである。

「**同値**」「**同数**」。これが株式相場の売買成立の条件である。

条件が合わなければ、合うまで待ってくれる。他の人が合うような注文を出してきて、初めて売買成立となり、株価が成り立つ。

株価１０００円で成立するか、９９９円で成立するかは、多数の参加者の注文で決まる。

それが板なのである。

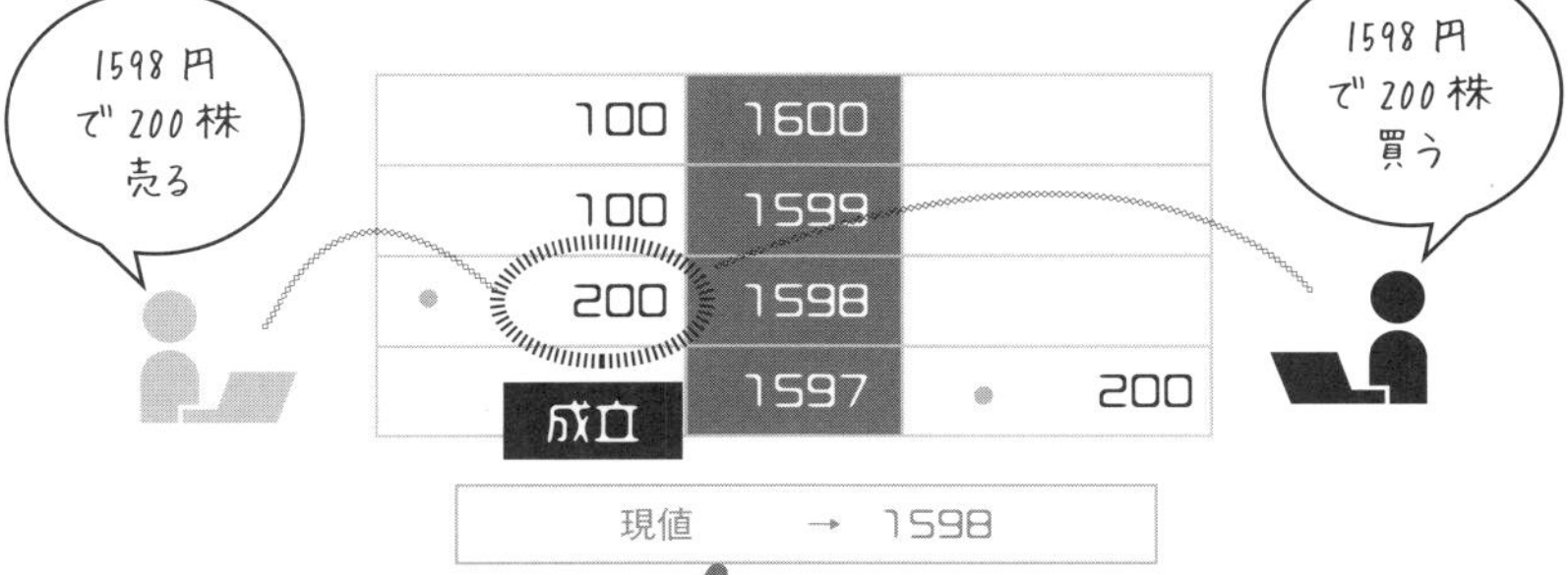

売買が成立したら、次は二番目が繰り上がる

株の売買は、すでに述べたように、高い買い注文と安い売り注文が引き合わされて、枚数と株価が合った時に成立する。

次に、二番手の「安い売り、高い買い」の枚数が成立する。

この連続で、板が成立し、株価と注文数が動いていく。

これが「板」の動きであり、**成立の記録**は「**歩み値**」として残る。

株価が急に上げたり下げたりした時は、今ある株価の近辺での売買が激しくなる。

このように、株価は常に一定ではなく、変動しながら、上下する。板の強弱も動いている。

まるで、呼吸しているかのように、変動している。

そこで、大切なのは、どのタイミングで売買を行うかである。

上手く成立させたい時には、株価の上下の動きをある程度の幅で想定して、できるだけ有利な売買ができるように指値で注文を入れるのが賢明である。

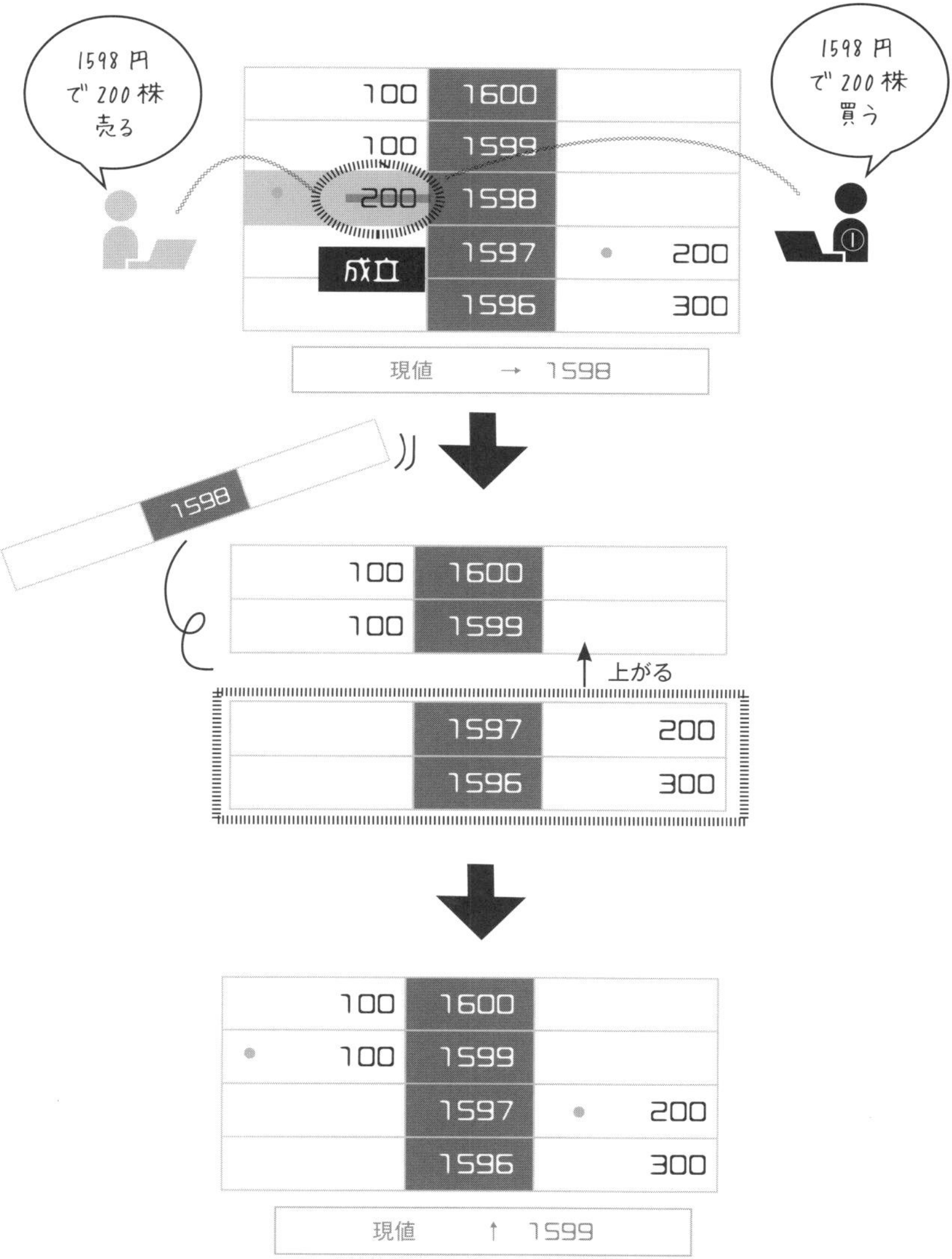
1598円で200株売る
1598円で200株買う
100 1600
100 1599
200 1598
1597 200
成立
1596 300
現値 → 1598
1598
100 1600
100 1599
上がる
1597 200
1596 300
100 1600
100 1599
1597 200
1596 300
現値 ↑ 1599

鬼100則 22

離れたところに注文した時は注文待ちになる

どの銘柄でもいいから、板を見てみてほしい。

売買が成立している株価近辺に多くの注文があるだけではなく、相当高いところに売りが固まっていたり、逆に、売買されている株価よりも相当低いところに買いが表示されていたりするものである。

これは「できるだけ高く売りたい」「できるだけ安く買いたい」という考えの人が入れる注文が表示されているわけだが、その注文が必ずしも、成立するわけではない。

そこで大切なのは、目をつけたその銘柄を手に入れたいならば、あまりにかけ離れた株価に一括で大きな買い注文を出さないことだ。

成立している株価付近に少ない玉数、それよりも有利なところに、次第に玉数を増やして売買の玉を這わせるのが儲かる投資家の手法である。

株価は一日のうちでの変動幅が結構大きい。

「今買わなければ」という強迫観念は持たないで、「買えなくてももともと」くらいの余裕が必要である。

ただ、売る時は、「逃げる」「損切り」も入るので、時には「成り行き」での売却も必要になる。

同じ板でも、売りと買いでは条件や精神状態が違うことを知っておく必要がある。

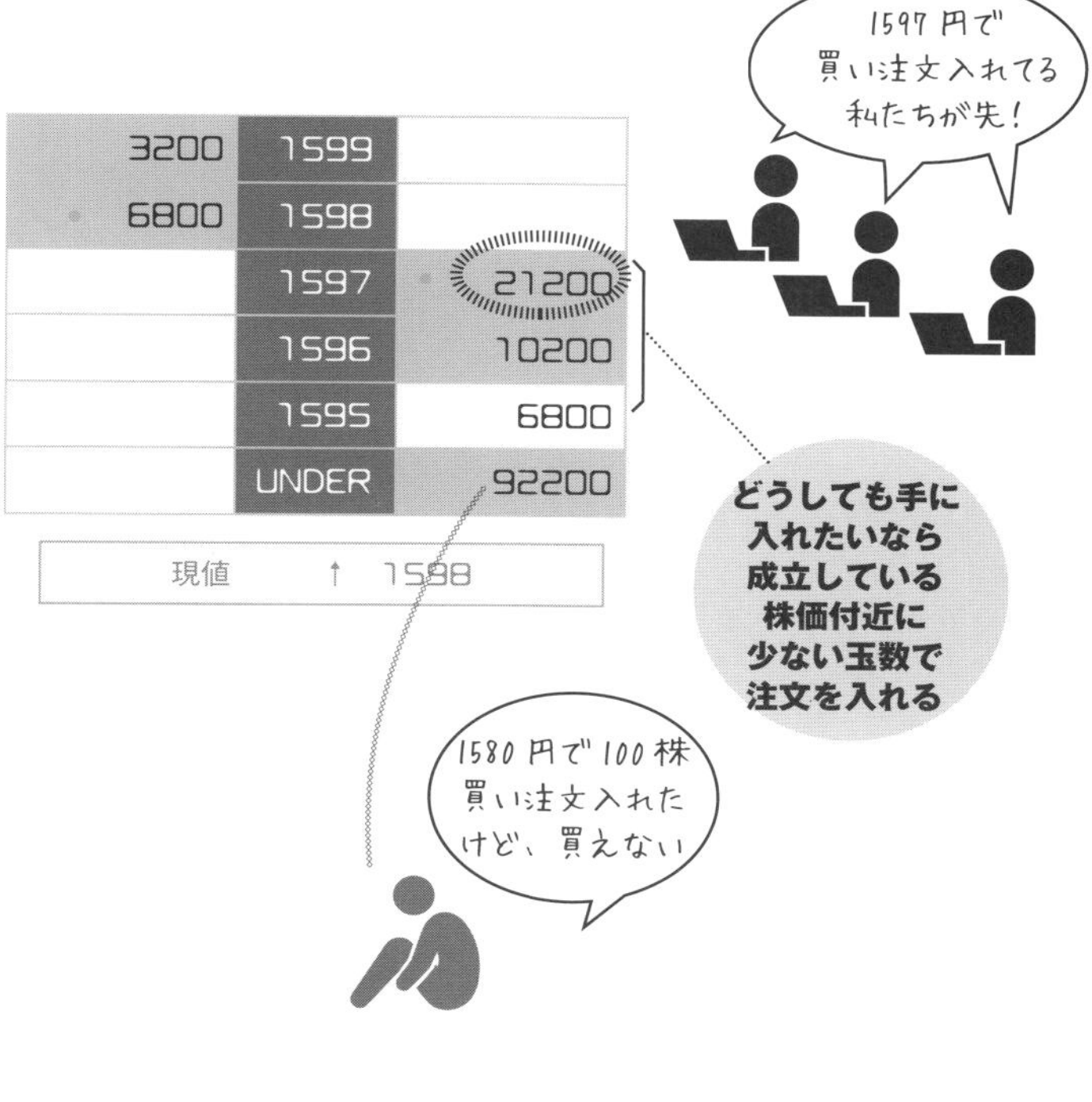
1597円で
買い注文入れてる
私たちが先！
3200 1599
6800 1598
1597 21200
1596 10200
1595 6800
UNDER 92200
現値 ↑ 1598
どうしても手に
入れたいなら
成立している
株価付近に
少ない玉数で
注文を入れる
1580円で100株
買い注文入れた
けど、買えない

鬼100則 23

板が止まっている時は市場が「特」マークで催促する

板を見て売買している最中に、場中であっても、突然板が止まり、「パソコンが固まったのか？」という印象を受ける瞬間がある。

それは往々にして「**特**」というマークが板に出た時である。

これが何を示すのか知っておかないと失敗するので、用心したい。

「特」は**「売り」「買い」で注文が離れていて、成立しない**時に出る、要注意マークである。

「特」とあるのは、詳しくは「**特別気配**」のことで、「この値段であれば成立するよ」という株価に表示されるものだ。

たとえば、直近の約定が６００円で、６００円のところに１５００株の買い気配があり、売り気配は６４０円の時。

気配の「更新値幅」*が10円なので、610円のところに、「特別買い気配」を出して、「この値段で売る人はいませんか」と取引所が催促する。

これが「特別買い気配」すなわち、「特」マークである。

それでも、売買が成立する売りの注文が出てこない時は、3分間隔で、620円、630円、640円というように「特」マークが移動する。

この状況下にいくらで成立するかを見ておき、その後の株価で注文の判断をしたい。

※「更新値幅」＝直前についた約定値段をもとに計算された、現在約定可能な価格の幅のこと。「値幅制限」と同じように、価格帯によって値幅が違い、500〜700円だと10円。

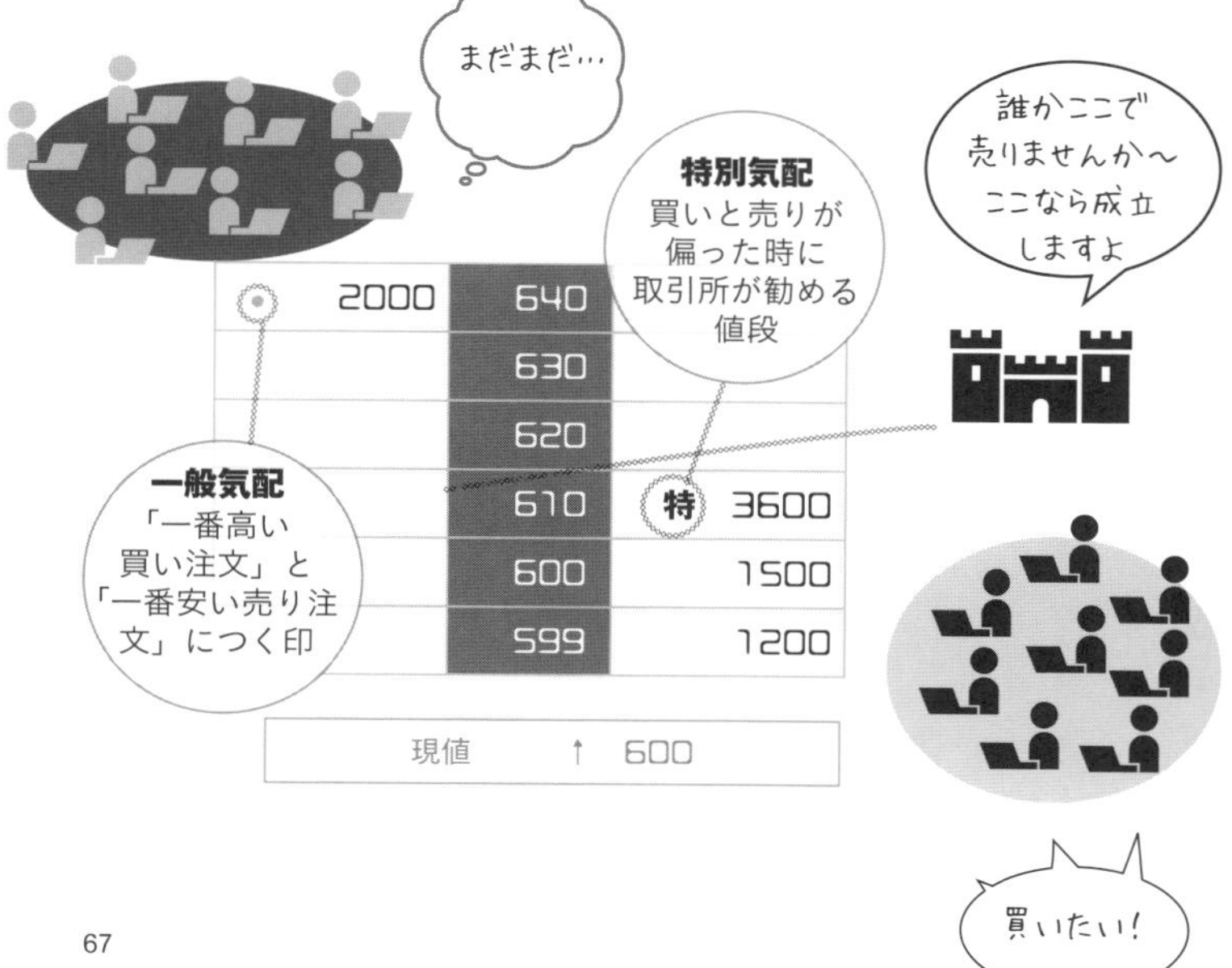
まだまだ…
誰かここで
売りませんか〜
ここなら成立
しますよ
特別気配
買いと売りが
偏った時に
取引所が勧める
値段
一般気配
「一番高い
買い注文」と
「一番安い売り注
文」につく印
2000
640
630
620
610
特
3600
600
1500
599
1200
現値
↑
600
買いたい！

鬼100則 24

「成り行き注文」は寄り付き前しか表示されない

章のはじめで説明したように、板は「いくらで買いたい」「いくらで売りたい」という指値の注文が表示される場だ。

「いくらでもいいから買いたい」「いくらでもいいので売りたい」という**「成り行きの注文」の数は、取引時間中には表示されない**ことに注意が必要だ。

しかし、取引が始まる「ザラ場」前は、話が別だ。

朝の8時から9時直前、午後の12時5分から12時30分直前、売買が始まる前の時間帯には「気配の板」が表示される。

この**気配の時点では、指値だけでなく、「成り行きの注文」の数量も表示**される。

その売買の成り行きの数値が、売り5000株、買い4500株というように拮抗していれば、相場の方向にさして影響はなく、すんなりと売買が成立する。

それに対して、「売り」「買い」いずれかに大きく成り行き注文が偏る場合が厄介だ。

9時なり、12時半なりの「イザ、取引開始」となった時、「売り気配」「買い気配」だけが表示されるが、実際に成立している売買は、多少上下していることもある。

これはその銘柄に対する売買の考え方が偏っているわけで、寄り付き前には成り行きの注文数も、注意して見ておく必要がある。

「いくらでもいいから」の成り行き注文は最優先で成立する

88600	成行	203000
売	気配値	買
55500	OVER	
2300	1600	
3200	1599	
前　6800	1598	
	1597	前　21200
	1596	10200
	1595	6800
	UNDER	92200

場中は表示されない

成り行き注文の偏りが大きいと、売買成立の価格がブレる

	成行	
売	気配値	買
46500	OVER	
1300	1610	
2200	1609	
4800	1608	
	1607	5200
	1606	3200
	1605	1800
	UNDER	12200

鬼100則 25

株価表示は順次切り上がり、切り下がる

売買されて、株価が動いている最中の銘柄は、売り注文、買い注文の枚数と株価に応じて、コンピュータによる「板寄せ」が瞬時に行われて、成立した株価が表示される。

急に買いが増えると、さらに高い株価ではないと買えないので、板の動きを見ていた投資家は「買える株価」に買い注文を出す。

その勢いで株価はどんどん、上値を追う傾向がある。

ただ、上がる一方の株価・板はなく、ある程度の株価の上昇があれば、やれやれの「利益確定」の売りが出てくるのが普通だ。

そうなると、売り遅れまいとして、売りがどんどん出てくる。

個人投資家は、この板の上げ下げの中で「どうするか」の判断を強いられるのである。

株価、板には投資家の考え方や売買の注文動向が反映される。**強気の買いが入り、上値を追う時は、板は上値に切り上がる。**逆に、**売りが多くなると、板は下値の方向に切り下がる。**

	成行		
売	気配値	買	
46500	OVER		
1300	1610		
1200	1609		
2800	1608		
	1607	15200	×
	1606	13200	×
	1605	1800	×
	UNDER	102200	×

現値　↑　1608

仕方なく「買える」＝高い値段で注文を出す

買えない

	成行	
売	気配値	買
54300	OVER	
2400	1630	
3500	1629	
5600	1628	
	1627	22600
	1626	8400
	1625	2400
	UNDER	93200

現値　↑　1628

どんどん表示される株価の水準が上がる

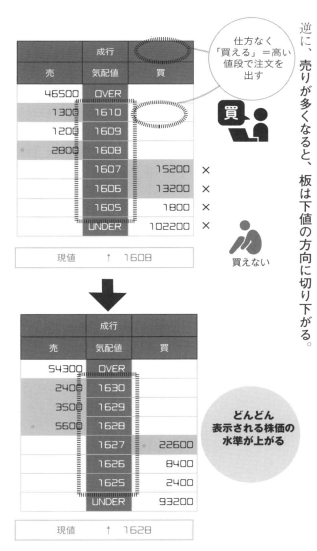

鬼100則 26

ストップ高、ストップ安は「比例配分」となる

人気銘柄、小型株などによく起きるのは、**買いが集まるストップ高**、そして**売りが集まるストップ安**である。

すべての銘柄は、1日のうちで動ける値幅が決められている。

この制限を超えると「ストップ」がかかる。

ストップ高の板には、**一番高い買い注文のところに「S」のマークが付く**。

テンバガーを狙う個人投資家諸君は、このストップ高が好きであろう。

上値に張り付くと「我先にと」買いたくなる。

ストップ高で上がれば「買わないとチャンスを逃す」とばかりに、群集心理のごとく買いが集まってくる。

ストップ高の板となると、一般的には「買わなければ」という考え方が強くなり、買い

注文がどんどん出てくる。

同時に「今売っては損をする」と強気に変わって売り注文を引っ込めるので、次第にストップ高の板は「買い一色」となる。

もし、ストップ高の状況下でごく少量でも「売り」が出たら、その場合は板寄せ方式ではなく、各**証券会社に、注文数に応じて配分**されることになる。

割り当てられた証券会社はそれぞれのルールに従って投資家に配るので、それを当て込んで注文を出す投資家も多くいるのだ。

売	成行 気配値	買
	OVER	

	1627	S 55200
	1626	3200
	1625	1800
	UNDER	102200

現値	1627

ストップ高
値幅制限
いっぱいまで
買われた時に
出る

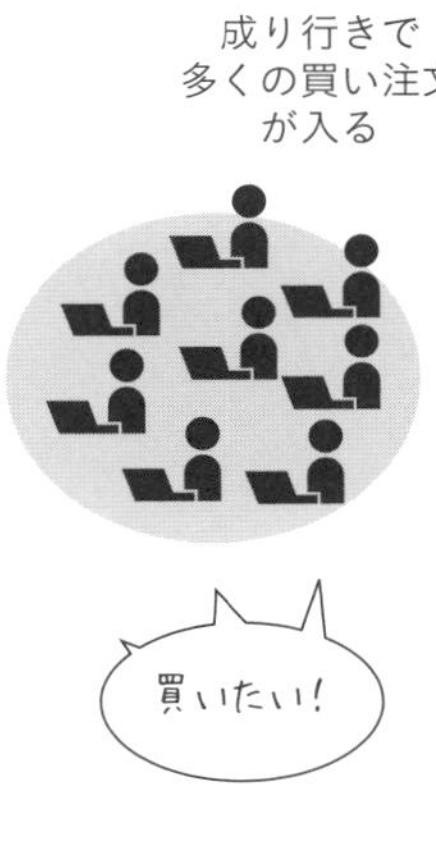

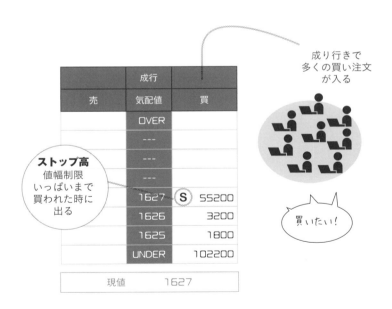

鬼100則 27

注文の枚数が少ない時の売買にはリスクがある

「薄い板」というのがある。

別の言い方をすれば、**「不人気銘柄」**のことである。

もちろん、薄い板、人気のない銘柄にも、突如として、強い材料が出ることはある。

そうした時はたちまち、ストップ高になるのだが、そうではない「通常の時」の話をしよう。

板を見ればわかるが、売買の枚数は100株がほとんど。多くて200株、300株。1000株、3000株の注文は、薄い板には、まず見当たらない。

それだけではなく、板の状況を見ると、気配値が不連続だ。

たとえば、300円の近辺に310円の板があり、290円の板がある。

本来は、この値ならば1円刻みで気配は出るのだが（価格の刻みは、株価による。

３０００円以下ならば通常１円刻みだ）、その連続がない薄い板。

　こうした銘柄での売り買いは「指値」が大前提である。

　薄い板で「成り行きの買い」「成り行きの売り」を出せば、自分の注文で株価を大きく、上に、下に動かしてしまう。

　できれば、**薄い板のような不人気の銘柄には手を出さない方が良い**が、どうしても売買したい時には、時間がかかっても「指値」大前提で行くべきである。

薄い板には手を出すべからず

	成行	
売	気配値	買
6500	OVER	
100	325	
200	320	
300	310	
	300	200
	290	100
	283	200
	UNDER	2200

気配値が不連続。人気がないのが見てとれる

手を出すならば指値で待つのみ

第3章

板の変化が示すもの

情報が多ければ判断が楽というものではない。

カール・フォン・クラウゼヴィッツ

一回一回のトレードの結果がもつランダムな性格ではなく、自分が正しいことをやっているかどうかに焦点を当てなさい。

リチャード・デニス

鬼100則 28

通常、板は自由に変化する

ほとんどの銘柄は、一定の同じ株価で止まることはない。

人々がそれぞれの思惑で買いを入れ、売りを目論む。

本来、**時々刻々と変化するのが板**である。

板が動かない。

歩み値も止まっている。

こうした銘柄は、よほど不人気で売買がないか、気配値が離れ過ぎていて、売買が成立しないことを意味する。

ストップ高、ストップ安の気配で、売買の枚数が一致しないために動かないこともある。

しかしそれ以外の銘柄は、常に売買のたびに、株価が変化し、注文数も変化する。

何かの要因で人気化すれば、たちまち、買いが多くなり、株価は上がる。

逆に、マイナスのニュースや関連の情報で売りの板が増え、株価が下がる。

まさに、**株価、板は生き物である**。
さまざまな息づかいで、上下に動く。注文数の傾向も変わってくる。
今日はこの株、明日はあの株。
このように、板も、銘柄も変わる。
強烈に上げた銘柄は、翌日は下げておとなしくなる。
これが板である。

閑散としていた板が…

売	気配値	買
1500	OVER	
100	1625	
200	1615	
300	1608	
	1600	200
	1590	100
	1580	100
	UNDER	1200

現値　→　1600

好材料が出ると

売	気配値	買
16500	OVER	
1300	1610	
1200	1609	
2800	1608	
	1607	15200
	1606	13200
	1605	6800
	UNDER	102200

現値　↑　1608

鬼100則 29

売りが多ければ切り下がる

板は、その銘柄や全体の相場の環境で変化する。

何かの劇的な動き、事件、マイナス情報があれば、途端に相場は全体も、個別にも売りが集まり、売り板が厚くなる。

それを見た投資家は「売らなければ」「売り建てるぞ」と身構え、売りが売りを呼んで、低い気配となり、相場は下がる。

これが板の効果である。

板は単に売買の状況を表示するだけではなく、**板を見た投資家に心理的な影響を与え、「売りが売りを呼ぶ」「買いが買いを呼ぶ」効果をもたらす。**

株価形成というのは、極めて気分的、雰囲気に左右される部分が大きい。

時には、ムードが支配し、支配される相場となる。

これを知っておかないといけない。

NEWS 悪材料が出た

ヤバい!
逃げろ!!
売
売
売
売
売
売
売
売

売	気配値	買
166500	OVER	
7300	1610	
11200	1609	
32800	1608	
	1607	4200
	1606	1200
	1605	800
	UNDER	9200

現値　↓　1608

板の様子を見る人々
こりゃヒドいなぁ
信用取引の売り建てはチャンスか

売	気配値	買
326500	OVER	
15500	1590	
24300	1589	
102500	1588	
	1587	2200
	1586	800
	1585	200
	UNDER	5600

どんどん切り下がる

現値　↓　1587

鬼100則 30

買いが多ければ切り上がる

売りのことを述べたが、買いでも同じである。

銘柄に対して人気が集まるとか、テーマ銘柄群として人気が集まれば、売り注文よりは買いの注文が多くなり、**「買い板」が厚く**なる。

当然、**株価は上がる**。

その板を見て、買い注文を出してくる投資家が増えるので、板は「**買い有利**」となる。

これが上がる時の、勢いが良い時の板である。


もちろん、やれやれの売りが出たり、高過ぎると考えた投資家の売りが出ることがあるが、それでも強い板は、買いが圧倒的に勝るので、株価はぐんぐん、上げていく。

売っても売っても、買いが湧いてきて、売りを飲み込む。

壮絶な、買いが強い板である。

買いの中には、強気の買いもあるが、信用の売りを仕掛けた筋の「買いたくない買戻し」によるものもある。

特に、信用の売買が拮抗している板、すなわち買い建ての株数と売り建ての株数が近い銘柄では、強気の買いと、買わないと損が膨らむ買いが合わさり、壮絶な上げになる。

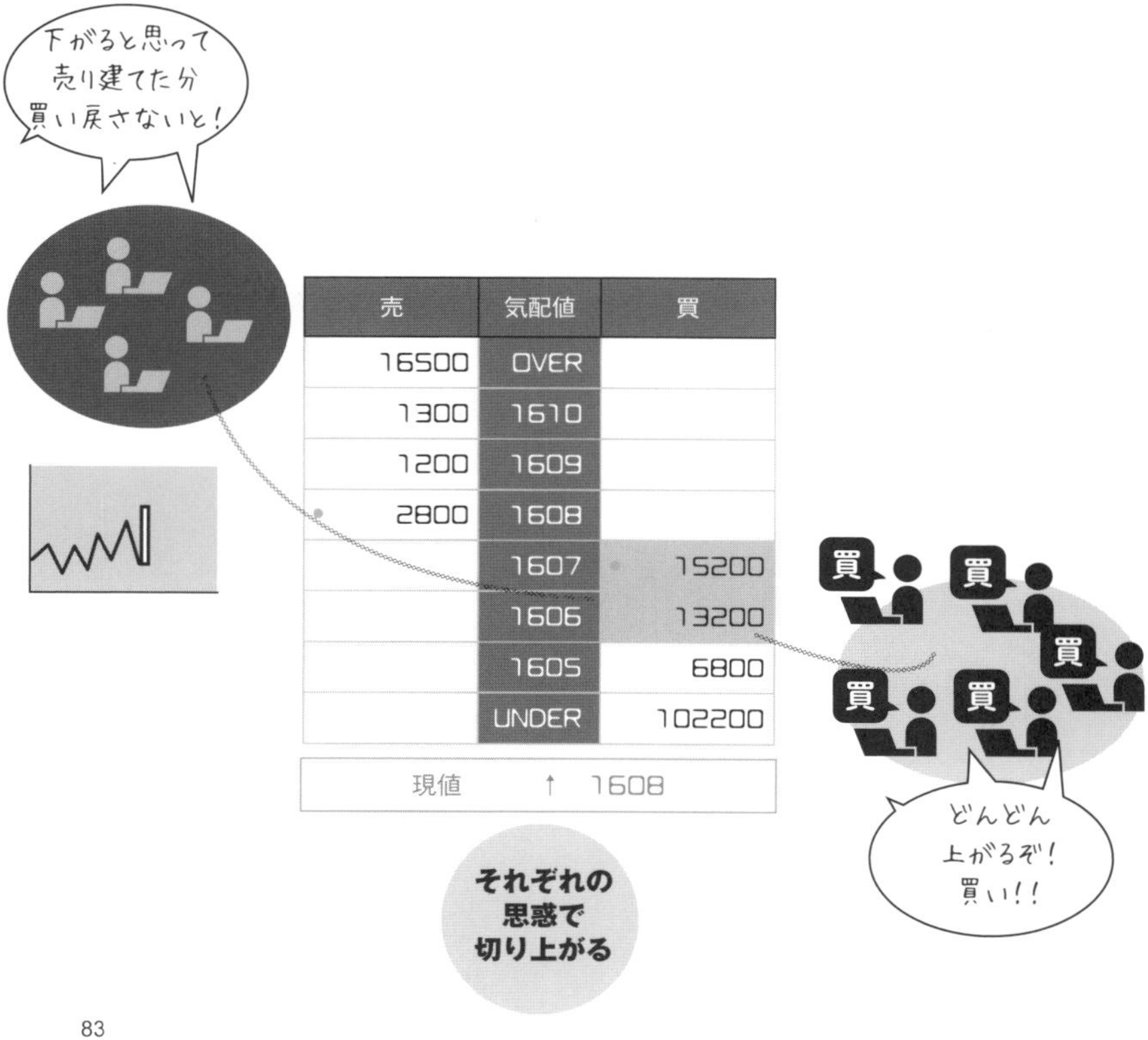

下がると思って
売り建てた分
買い戻さないと！
買
どんどん
上がるぞ！
買い！！
それぞれの
思惑で
切り上がる

売	気配値	買
16500	OVER	
1300	1610	
1200	1609	
2800	1608	
	1607	15200
	1606	13200
	1605	6800
	UNDER	102200

現値　↑　1608

鬼100則 31

大きな玉のぶつかり合いで方向が決まる

出来高が急増している銘柄の板は、大口がぶつかり合う。

そこに、小口の個人投資家の売買も加わり、まるで、目がくらむような「チカチカ」の変化が見られる。

歩み値を見ると、1秒間に何回も株価が変動し、大きな枚数、小さな枚数が混ざり合い、推移していく。

「命を懸けた壮絶な売買」が繰り広げられるのだ。

1つの方向に向かう板は、買いが多い（右下がチカチカし、注文の数量が多い）か、売りが多い（左上がチカチカし、注文の数量が多い）かに傾くが、**売り買い双方がぶつかり合う板は、大きな枚数がせめぎ合いながら、上下に激しく揺れ、板が変化**する。

まさに、壮絶な強弱のぶつかり合い。

　その様相を見ることで、それぞれの銘柄の方向を肌で感じることができる。

　板の変化は、売りと買いのどちらが勝つかを見ないと判断はできない。

「これは上げしかない」。

　こう決まった瞬間を見極めることで、俊敏な投資家は利幅を確保できる。

　板も見ない、読めない投資家には、大きなチャンスを手にするのは不可能と言える。

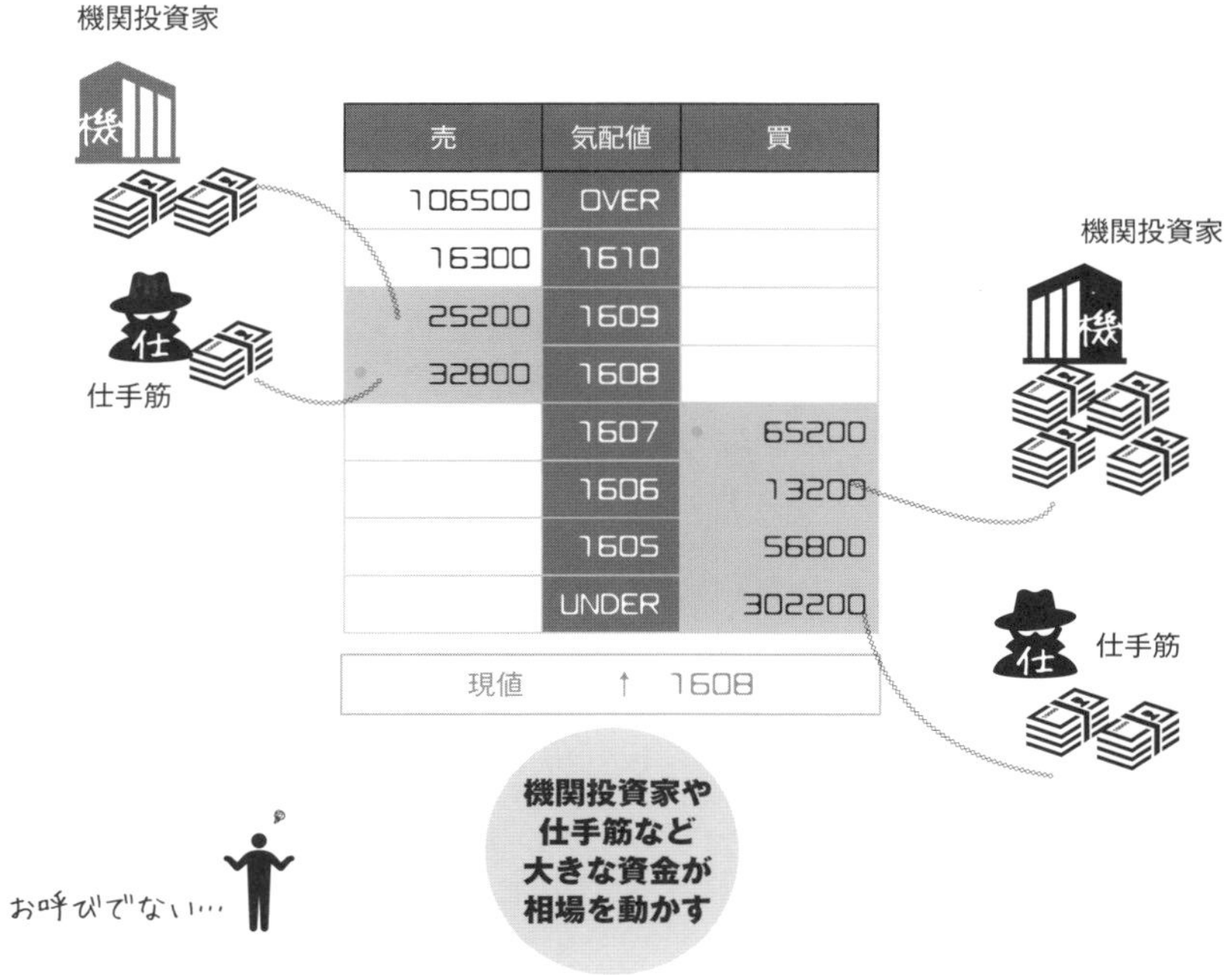
機関投資家
機
仕
仕手筋
機関投資家
機
仕
仕手筋
機関投資家や
仕手筋など
大きな資金が
相場を動かす
お呼びでない…

売	気配値	買
106500	OVER	
16300	1610	
25200	1609	
32800	1608	
	1607	65200
	1606	13200
	1605	56800
	UNDER	302200

現値　↑　1608

鬼100則 32

格段に差が出れば、中断する

激しく動く板は、売買の枚数が極めて多い人気銘柄だ。

何かの材料やニュースが出て、急激に売買の注文が出た時には、「買い気配」「売り気配」となり、注文の枚数が偏る傾向がある。

朝一で、このように一方に多く注文が出ると、ある株価での売買の枚数が同じになるまで、売買が成立しない。

成立しない相場は、板で「**特別買い気配**」の「**特**」の文字がついて、「成立しやすい注文の株価」を催促することになる。

「特」がついているうちは成立しないから、その時点の株価は現実的ではなく、投資家は**「成り行き」の注文を出すか、成立しやすい株価に注文を移動**させることになる。

ただ、動き始めた当初はニュースに反応して偏った注文が集まるが、こなれてくると、高く寄り付いた株価には「売り」が増えてきて、株価は下がり、逆に、安く寄り付いた時には、値頃感からの買いが増えてきて、株価を戻す可能性がある。

このように、株価は板で表示され、その板を見た投資家がさまざまな相場観から売買に挑むので、上げ下げを繰り返しながら、一定の相場に収れんする。

誰しも一歩先を完全に予測などできない。

しかし、板の上で揉まれてできた、ほやほやの株価こそが、リアルのものであり、事実なのだから、それを受け入れなければならない。

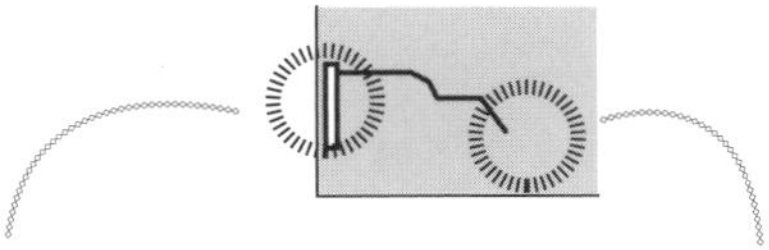

買い注文に偏る

売	気配値	買
55500	OVER	
200	1730	
400	1650	
	1637	
	1597	特　21200
	1596	10200
	1595	26800
	UNDER	192200

現値　↑　1597

中断

成立しやすい株価に

売	気配値	買
125600	OVER	
3500	1580	
11200	1579	
43400	1578	
	1577	29800
	1576	11700
	1575	8700
	UNDER	92200

現値　↓　1577

鬼100則 33

驚異的な差は「ストップ高」「ストップ安」表示になる

個人投資家が好きなのが、「ストップ高」である。

大きな材料が出たために、多くの買いが集まり、売買の株価が値幅いっぱいになるわけだが、それに「買わなければ」とばかりに飛びつくのは危険極まりない。

その先に、何日もストップ高が続くような大きな材料、ニュースの時は、ある程度の利幅を取れる可能性もあるが、一回のストップ高で終わる「線香花火」になる可能性が高い。

このような付和雷同の値動き、人気化についていくと、ストップ高のその先を高く買ってくれる人は、大概は現れない。

「せっかくストップ高で買えたのに」と嘆いても仕方がない。

私の著書、『株の鬼100則』でも話していることだが、材料は先に知った筋や機関があって、ストップ高に合わせて売り逃げていることが多いのだ。

なので、**ストップ高で裏付けのない強気は持たない方が賢明**である。

一方、マイナスの材料やニュースが伝わると、今度は慌てた売りが急激に増えて、「ストップ安」の気配になる。

このように、特に小型の銘柄の板は片方に偏りがちなので、用心したいところではある。

個人投資家の中では、急激な株価の変動を好み、「10倍株」をつかみたいがゆえに、「ストップ高」願望が強い傾向があるが、それは「ストップ安」の裏返しでもある。

有象無象が板に集まる「買いのクライマックス」に、買わない不安を持ち、群がるのは危険である。

買うか、見送るかは、ストップ高になったニュースや材料の賞味期限をしっかりと判断して取り組みたい。

一方的な展開

売	気配値	買
55500	OVER	

	1597	S　21200
	1596	10200
	1595	26800
	UNDER	192200

現値　↑　1598

天井に張り付く

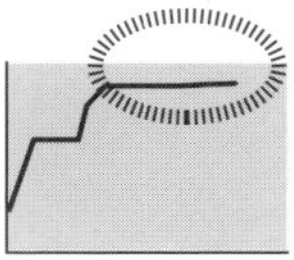

線香花火に終わらないか
ニュースの賞味期限をチェック

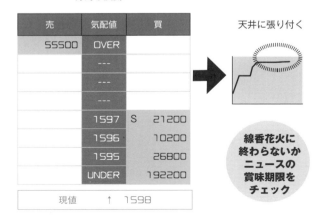

鬼100則 34

ストップ高は、急落につながる

株価が急騰するのを見る・知ると、投資家は「買わなければ」とザワザワした心理状態へと簡単に誘導される。

それが株式投資の現実である。

たとえば最初はニュースなどで、株価が強含みになり、買いが多くなりぐんぐん上がる。

しかし、そこそこの売りも出るので、上げ下げの繰り返し。

しかし、何らかの原因で勢いがつくと、今までにないような買いの注文が湧いてきて、やがてストップ高になる。

その後が、人間の心理をよく表している。

ストップ高を見るや「買わなければ」という心理が働き、売りが引っ込み、買いが急増する。

これが急騰、ストップ高に集まる、理論的でない、**付和雷同の買い**である。

歩み値をじっと見ていれば、100株、200株という個人の買いが無数に集まり、１つの方向になだれ込んでいく様相が見てとれる。

言うなれば、雰囲気で集まった群集心理の、裏付けなき強気である。

このような**板に誘導された買いは、いったん株価が下がると、慌てての売りと逆転する。**

板の雰囲気で集まった買いは、次の瞬間では、板に驚いての売りにつながるのだ。

投資にはしっかりした予測、作戦、戦略が必要だが、雰囲気に飲み込まれた売買は成功の確率が極めて低くなる。心理で売買すれば、恐怖に支配されてしまうからである。

板を動かしている仕手筋や大口の作戦にまんまとはまらぬよう、用心しなければならない。

売	気配値	買
	OVER	

	1597	S　21200
	1596	10200
	1595	26800
	UNDER	192200

現値　↑　1598

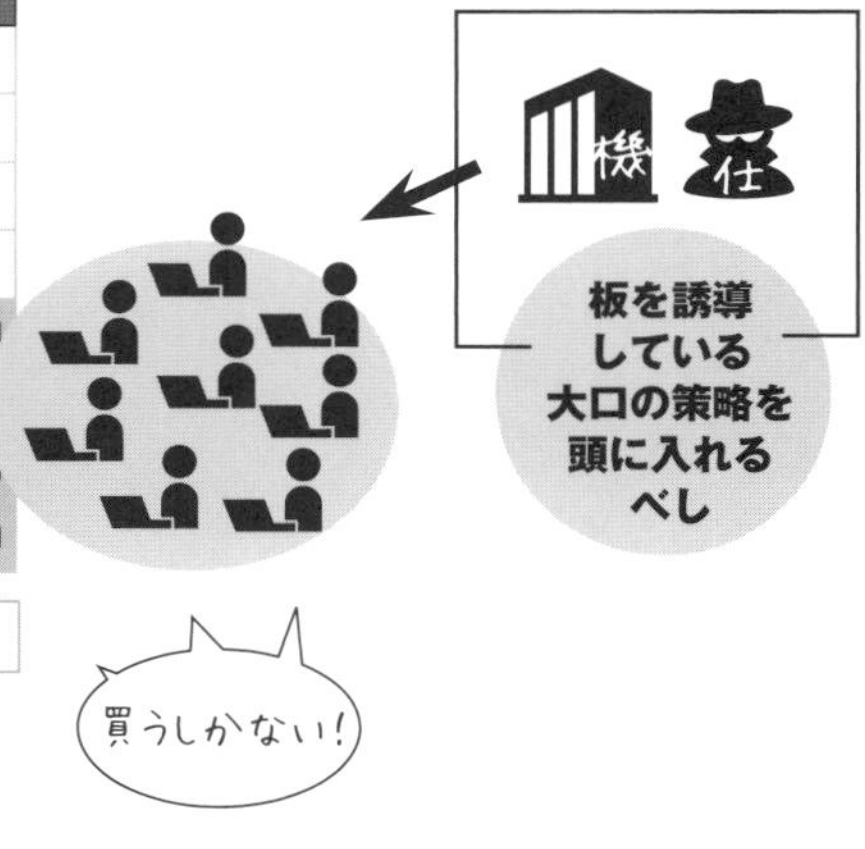

板を誘導している大口の策略を頭に入れるべし
買うしかない！

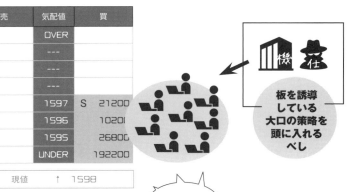

機

鬼100則 35

アメリカ経済を反映する

目の前でさまざまな動きをするのが株式の売買の板である。

板の裏で、周辺で、世界で、さまざまな動きがあり、そのニュースや材料を反映する。

だから、板には、毎日、毎時、同じ動きはない。

目の前の動きが唯一の現実なのだ。


板に最も影響するのは、NYダウ平均株価、ナスダック平均株価である。

世界一の経済大国であり、自由主義大国の雄であり、日米安保の核の傘の下にいる日本の市場にとってはアメリカ、ニューヨーク市場は絶対であり、日本経済が成り立つ大前提。

「アメリカが風邪をひくと日本が肺炎になる」。

だから、アメリカ経済の動向、市場の動向を先頭に、さまざまな経済データを織り込んで東京市場の相場があり、個々の銘柄の板が出てくるのだ。

日本でアメリカの経済ニュースとして目にするのは、ＦＯＭＣ（連邦公開市場委員会）とか、雇用統計、失業率、物価指数、原油相場、金利といったものだ。

この動きで、ダウ平均株価が動き、ナスダック、Ｓ＆Ｐ５００の株価が動く。

それが東京の相場にダイレクトに影響し、個々の銘柄の動きに反映する。

これを大前提にして、株価の動きを予測する考え方が重要である。

株価は板そのもの。

板は、世界経済のさまざまな要素を織り込む。

この方程式をしっかりと心得ておくならば、株価の方向を極めて高い精度で予測し、売買の作戦を立てることが可能である。

作戦がないところに、相場の勝利はない。

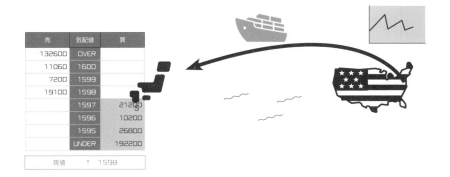

売	気配値	買
132600	OVER	
11060	1600	
7200	1599	
19100	1598	
	1597	21200
	1596	10200
	1595	26800
	UNDER	192200

現値　↑　1598

鬼100則 36

東京の現物株は「先物相場」に大きく影響される

東京市場の時々刻々の株価の動きで、注意して見ておく必要があるのが「先物」である。

取引には「現物」と「先物」がある。

これは日本もアメリカも同様だ。

先物は少ない資金で動かせるので、日経を動かすには、先物が利用される。

日経先物、ダウ先物。

この2点に市場の注目が集まる。

それを承知で、海外の投資家たちは、簡単に動かせる**先物を売買して、動かして、日経平均を操縦する**。

それはダイレクトに市場の主要銘柄の株価の変動をもたらすことができる。

先物を動かして、個別銘柄の動きを操っているのだ。

日中で一番、注目すべきは「ダウ先物」である。

日経平均株価、ＴＯＰＩＸ、マザーズ、ジャスダックの動きが急変した時、事前にダウ先物が急落や急騰している場合が多い。

これは見逃せないことだ。

さらに、ＮＹ市場での日経のＣＭＥ先物の動きにも目を配らないといけない。

朝の、東京市場の株価の成立の動きは、大概は、夜間の日経先物に連動する。

もちろん、寄り付いた後は、東京独自、日本独自の経済環境やニュースが織り込まれてくるが、朝の寄り付きは先物に影響されやすい。

このように考えると、先物は現物市場の「鏡」であると言っても、過言ではないのだ。

鬼100則 37

SQの日には板がおかしくなる

SQ（株価指数などの特別な価格）の清算日には、機関投資家たちが清算して、配当を出すための売り買いがあるので、それ以外の日常とは、板の様子が違う。

清算されるのは、株価指数先物取引と株価指数のオプション取引である。

株価の動きと関係するのは、通常の売買の他にも、指数での投資を行っている売買など。

それが毎月のように「第二金曜日」にやって来て、売りと買いの反対売買が行われる。

「メジャーSQだから用心せよ」とか言われるのは、その日に多くの決済が行われて、通常とは桁が違う枚数の売買が行われるからである。

たとえば、朝一で多くの売りがSQがらみで出されると、特段、理由もなく、「ストップ安」になることは、いくらでもある。

このことを知らずに、ただ驚いていると、売買に狂いが出てしまう。

そうならないためにも、「今日はSQだな」という心構えを持つことが重要になる。

日経平均

「株探」https://kabutan.jp

11/12の日経平均寄与度上位銘柄

9984	ソフトバンクグループ	6,878	3.04%	42.93%
8035	東京エレクトロン	57,290	1.36%	27.14%
6098	リクルートホールディングス	7,942	1.78%	14.70%
4704	トレンドマイクロ	6,870	5.37%	12.34%
2413	エムスリー	6,463	2.28%	12.18%
6857	アドバンテスト	10,150	1.50%	10.57%
4021	日産化学	6,790	4.46%	10.22%
4063	信越化学工業	20,195	1.38%	9.69%
9433	ＫＤＤＩ	3,429	1.09%	7.82%
6954	ファナック	23,235	0.96%	7.75%

第4章

「歩み値」を読み込む

我々の判断は腕時計と似ている。一つとして同じ時を指さないのに、めいめい自分の時計をあてにしている。

アレキサンダー・ポープ

人間には一生のうち二度や三度のチャンスはある。それを生かすか殺すかの決断のために、日常の努力と精進、そして真面目といった理論と実践とを通じて日夜思考の訓練を重ねることが成功への確率を増進する。

是川銀蔵

鬼100則 38

リアルタイムの動きは「歩み値」で見る

「板情報」の心臓部は「歩み値」である。

歩み値というのは、売買が成立するたびに、株価、枚数が瞬時に表示されるものだ。

あなたのパソコンや携帯端末だけではなく、世界中どこにいても東京市場の銘柄の値動きがわかる仕組みである。

これを見ながら、東京で、中国で、インドで、イギリス、フランス、ドイツで注文が発せられる。

その裏にはさまざまな思惑がぶつかり合う。

材料やニュースが株価を動かすが、売買のせめぎ合いの中で淡々と成立していく取引の様相が、株価の方向を決める要素にもなる。

ある日の【ZHD（4689）】の歩み値

時刻	歩み値	約出来
11:01	805.1	200
11:01	**805.2**	1000
11:01	805.1	400
11:01	805.1	100
11:01	**805.2**	600
11:01	**805.1**	600
11:01	805.0	1300
11:01	805.0	500

強弱の中で、少しだけ強い方向に株価は動くわけである。

歩み値が株価の上げ下げを左右すると言っても過言ではない。

主にデイトレードをする投資家には、このデータは絶対に見逃してはならないものだ。

データの移り変わりや様相を追いかけ、目を見張り、相場の方向を予測し、的確なトレードをしたい。

トレードの決断をする時に、なくてはならないのが歩み値なのである。

リアルタイムで変化する株価。

上に行き、下に行く。

瞬時も見逃せない動きが板であり、中でも「歩み値」である。

株価の売買の成立の様子をリアルタイムで表示する歩み値は、活発に売買されている銘柄では、それこそ目が回るような速さで更新される。

こうなったら、目の前の株価の変動や株価の方向を雰囲気で感じるしかない。

ただ、取引の成立の仕方で、「この銘柄は強い。弱い」というのが、わかる。

鬼100則 39

売買成立のたびに表示される歩み値

「板」では、注文の出入りを示すことで株価の変動を表す。それは株価が上に、下に動いているることはわかるが、もう1つ、成立の裏側がわからない面がある。

それをよりクリアにするのが「**歩み値**」というデータである。

歩み値で何がわかるかと言えば、売買が成立している**速度**、成立の**株数**、板に出てくる売買の注文の**バランス**、さらに、注文の**移動**である。

まさに、一瞬たりともとどまらない株価の動き、板の強弱。

歩み値を見ることの最大のメリットは、「**株価の方向性**」が読めることである。

株価の上げ下げの方向性は、主に1分足、3分足、5分足のチャートでリアルタイムでわかるが、さらに、詳しい株価の動きは板に現れる。

株価が下がっていく時には、売りの玉数が多く、買っても買っても、売り玉が出てくる。

このような板では、無暗《むやみ》に買いを入れると、買った途端に「含み損」となってしまう。

押し目を買うというポジションであれば、下値での持ち合い、さらに、反発の様相を確認してから仕掛けた方が良い。

逆に、上値を追うような上げの時の「売り待ち」は、「上値限界」のシグナルを板から読み取る。

買いの勢いが収まり、逆に売りが多くなって、株価が下がり始めたタイミングで、利益確定することが大事だ。

ある日の【6522 アスタリスク】の５分足と歩み値

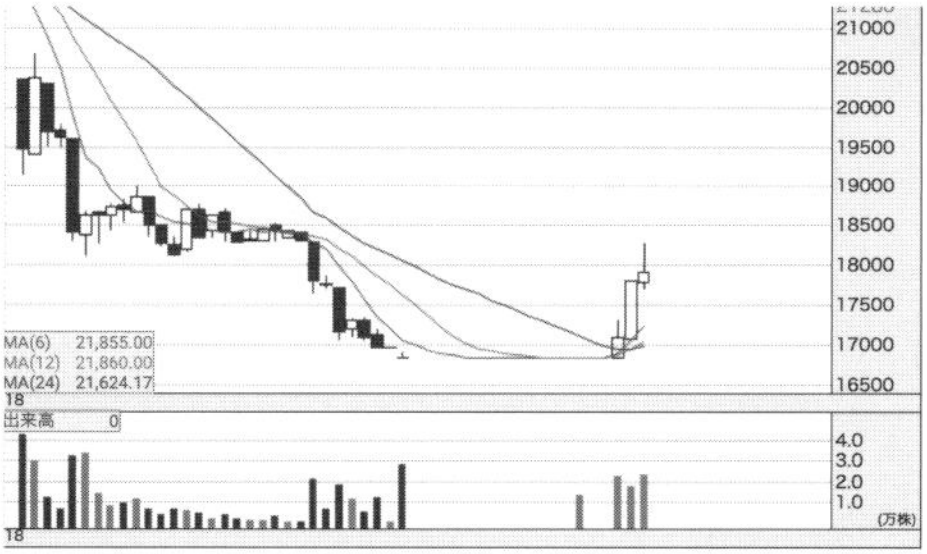

「株探」https://kabutan.jp

時刻	歩み値	約出来
14:06	18080	100
14:06	18080	100
14:06	18110	100
14:06	18060	200
14:06	18050	100
14:06	18030	200
14:06	18000	100
14:06	18000	100
14:06	17990	100
14:06	17980	100
14:06	17970	100
14:06	17970	100

成立の株価と枚数で感じるものは

板でわかるのは、「売り注文」と「買い注文」のバランスである。

この数値は株価の位置により、上下の動きの中で、刻々と変化する。

極端に多い買いの枚数が現れた時。それは株価が上に行く強い板である。

大きな買い注文の板を見た投資家は「これは上がるな」と感じ取るので、「今売る時ではない」と判断する。

また、信用の売り建てをしている人は「今のうちに買い戻さないと損が拡大する」と判断し、決済のための「買い」を入れる。

結果的に株価はどんどん、上に行く。

その上に行く株価の成立の様相が歩み値に現れてくるわけである。

逆に、売りの玉数が多くなってきた時には、買っても買っても、新たな売り玉が湧いてくる。

その結果、株価はじりじり下がる。

これを見た投資家は、「ここで売らないと含み益が減る」「損が膨らむ」ということで、慌てて売りを出す。

株価が下に押された時の板の様相である。

歩み値には売買結果のデータが表示されるので、その状況は自分の売買戦略の判断材料になる。

時刻	歩み値	約出来
14:59	3210	600
14:59	3215	5400
14:59	3220	100
14:59	3215	400
14:59	3215	1100
14:59	3215	100
14:59	3215	300
14:59	3220	100
14:59	3220	100
14:59	3225	800
14:59	3225	200
14:59	3230	800

下がった価格で約定した時と上がった時とで色や表示が変わるので、勢いがわかる

鬼100則 41

100株単位ばかりの板は

歩み値で注目されるのは、売買が成立していく時の成立の株数である。

あまり人気がないとか、小型の銘柄で、もともと売買の枚数が少ない板は、歩み値に出てくる売買の注文が100株とか、200株、多くて400株というものが多い。

そうした銘柄に対して、売買を挑む投資家は少ないわけで、この板に参加する人のほとんどが「指値」注文である。

そうなると、売りと買いの注文数が合致して、瞬時に取引が成立することはなく、大型の銘柄や小型でも人気の銘柄では1分間に何十回も成立しているのに、1分に1回とか、3分に1回というような歩み値となる。

このような銘柄では、「瞬時に売れない」「買えない」。

下手に成り行きの売買注文を出せば、その注文が株価を大きく変動させてしまう。

不人気銘柄、人気化する前に仕込む銘柄の場合は、あくまでも指値注文が必須なのだ。

1秒間に何回も売買が成立するような銘柄は、注文数も多いので、成り行きの売買注文を出しても、そのことで株価を大きく変動させることはない。

しかし、そうではない「閑散な銘柄」は、板や歩み値をよく見て、タイミングを計らなければならない。

時刻	歩み値	約出来
11:30	1407	300
11:29	1412	100
11:29	1412	100
11:19	1410	100
11:19	1412	100
11:15	1411	100
11:14	1409	100
11:09	1410	100

売	気配値	買
3200	OVER	
200	1412	
100	1410	
200	1407	
	1405	100
	1402	200
	1400	100
	UNDER	3300

現値 ↓ 1407

「板」では見えない「注文」の小ささが歩み値でわかる

時々、大口が入る板の特徴は

閑散な銘柄でもない、そこそこ、商いがある銘柄の板が突然、チカチカと動き出してきた時は、歩み値に注目である。

なぜならば、どの程度の売買が成立しているかで、大口が入ってきているかどうかがわかるからである。

小口の個人投資家と思しき商いだけでは、株価は大して動かない。

大口の売買が入ってきた時は、株価が大きく変動する可能性がある。

仕込んで、大きく動かして、目立つようにして、参加者を増やし、適当な値幅を得た時に利益確定して売却するのが、大口の考えだからである。

大きな枚数が突然現れた板では、歩み値を見極めて、参加するのが良い。

歩み値から、相場の現状、投資家の動きを感じられる人が、有利に仕込み、有利に利幅を取れる立場を確保できる。

ある日の【3996　サインポスト】の５分足と板

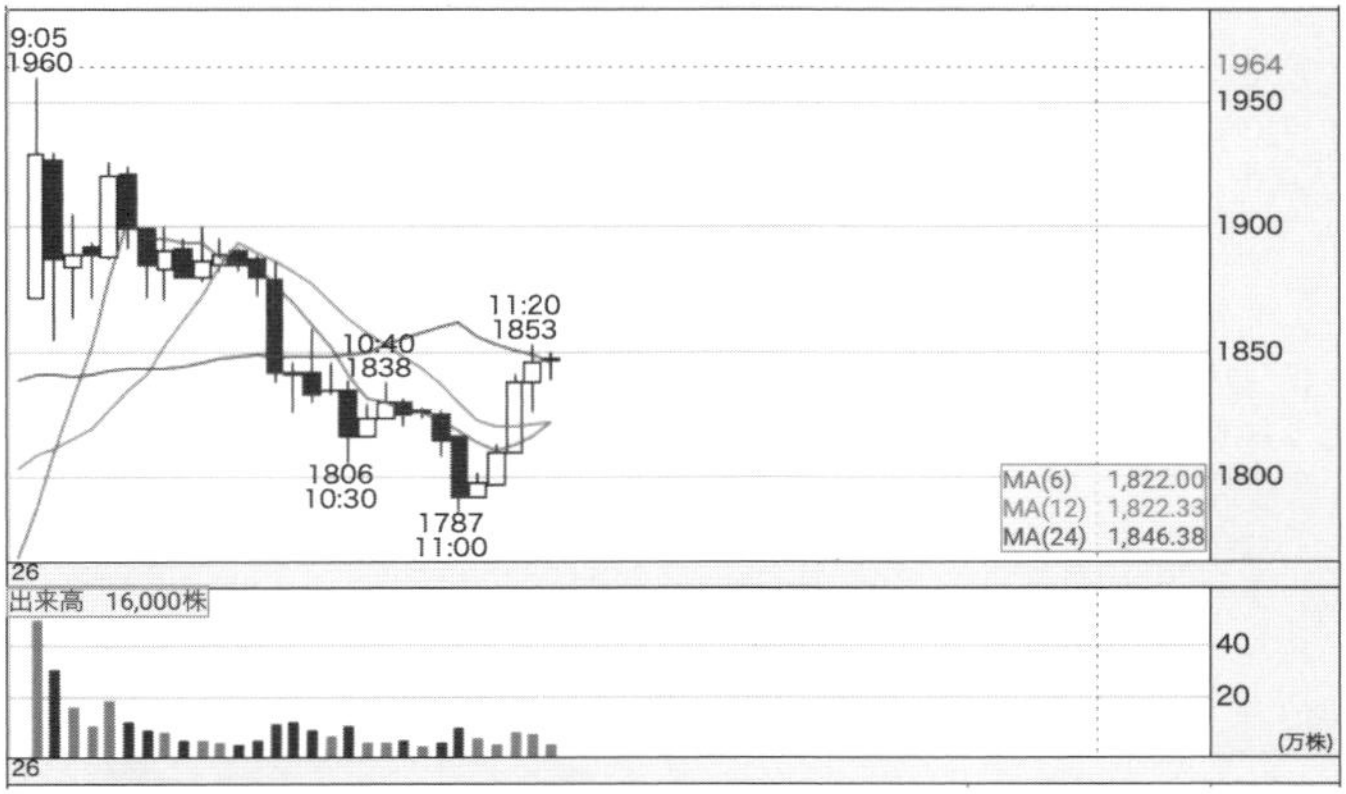

「株探」https://kabutan.jp

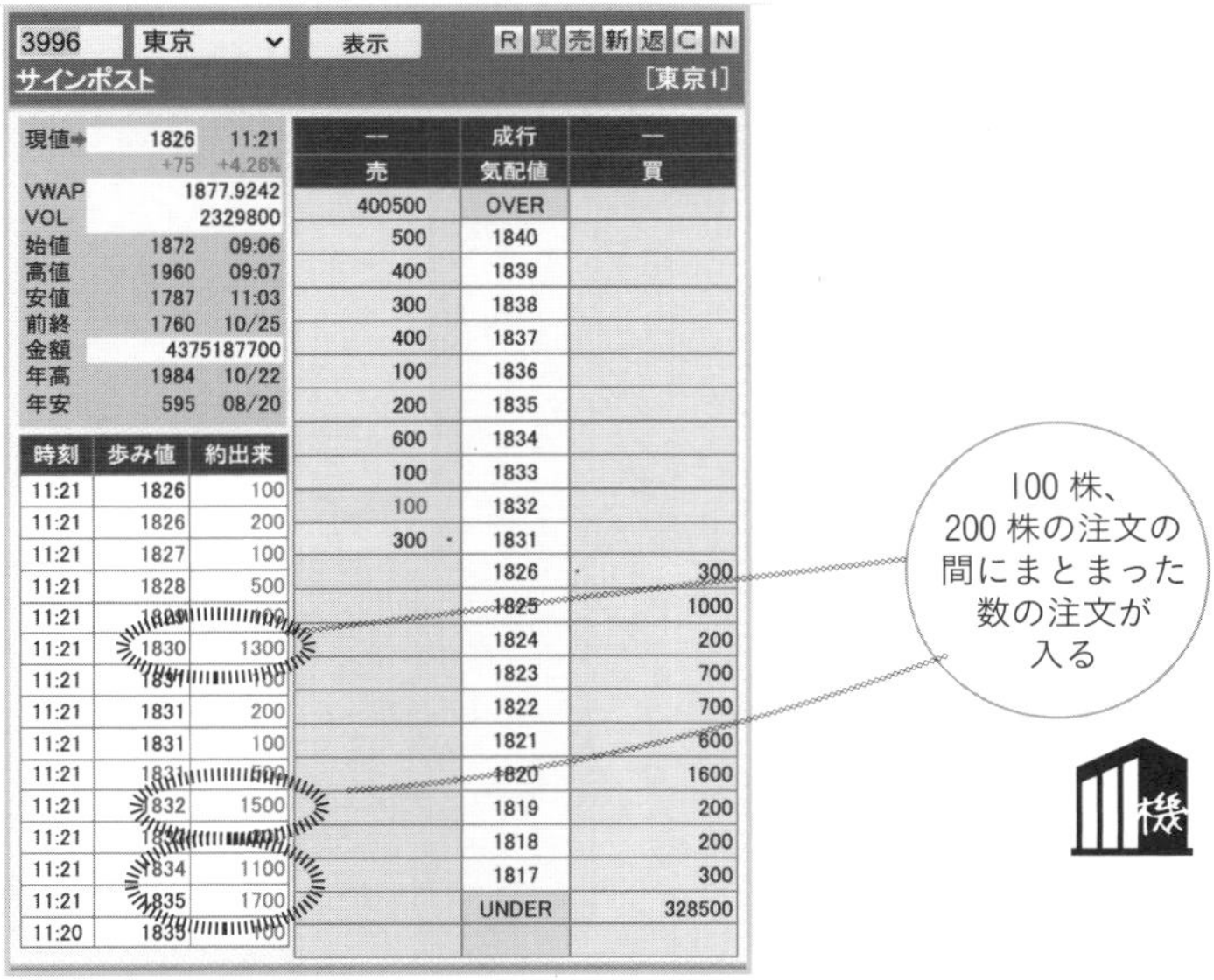

現値	1826	11:21
	+75	+4.26%
VWAP	1877.9242	
VOL	2329800	
始値	1872	09:06
高値	1960	09:07
安値	1787	11:03
前終	1760	10/25
金額	4375187700	
年高	1984	10/22
年安	595	08/20

時刻	歩み値	約出来
11:21	1826	100
11:21	1826	200
11:21	1827	100
11:21	1828	500
11:21	[illegible]	[illegible]
11:21	1830	1300
11:21	1831	100
11:21	1831	200
11:21	1831	100
11:21	1831	500
11:21	1832	1500
11:21	[illegible]	[illegible]
11:21	1834	1100
11:21	1835	1700
11:20	1835	100

売	気配値	買
ー	成行	ー
400500	OVER	
500	1840	
400	1839	
300	1838	
400	1837	
100	1836	
200	1835	
600	1834	
100	1833	
100	1832	
300	1831	
	1826	300
	1825	1000
	1824	200
	1823	700
	1822	700
	1821	600
	1820	1600
	1819	200
	1818	200
	1817	300
	UNDER	328500

「au カブコム証券」https://kabu.com

大口が頻繁に入れば人気銘柄だ

明らかに大相場になる銘柄には、複数の、さらに、無数の大口が参加してくる。

その結果、売買代金ランキングではトップ10に入ってくる。

そうなると、「人気銘柄」である。

人気の目立った銘柄には、個人、法人、仕手筋などさまざまな参加者が集う上に、コンピュータのアルゴリズムが混じって、極めて激しい売買が繰り広げられる。

その状況は日々の売買のデータとして、誰でも見られることになるので、さらに、注目され、参加者を増やすことになる。

こうした銘柄が売買代金上位銘柄であり、トレンドの銘柄に育つ。

その銘柄での売買は、それこそ、歩み値を読み取り、チャンスを窺い、挑むことが重要になる。

この手の人気の銘柄の板は、大きな利益確定の売りも出るが、それに倍する買い注文が出てくる。

右肩上がりの板の特徴である。

大口の売買が売りに多いのか、買いに多いのかは、見ていれば誰にでもわかる。

「歩み値？ 何それ」「知らない」。

このような人は往々にして感覚派で、売買の成績は良くない。

なぜならば、売買の本当の現場を見ていないからだ。

兼業であっても日中、一瞬でも見る機会は欲しい。勝つために。

ある日の【9984 ソフトバンクグループ】の歩み値

時刻	歩み値	約出来
15:00	6554.0	1028700
14:59	6548.0	14200
14:59	6555.0	800
14:59	6554.0	1200
14:59	6553.0	400
14:59	6552.0	100
14:59	6552.0	600
14:59	6552.0	100
14:59	6548.0	3400
14:59	6549.0	200
14:59	6549.0	1000
14:59	6553.0	500

買いたい！
１分の間に
個人投資家や
機関投資家、
仕手筋など
入り乱れる
機
仕

鬼100則 44

成り行きが多く入る時の板の変化は

頻繁に株価の変動があり、大きな注文があり、売買が激しく成立する銘柄では、指値の注文だけではなく、成り行きの注文も増えてくる。

いちいち指値をしていたのでは、チャンスを失うので、株価が一時的に下がってきた「押し目」のタイミングを狙い、仕込むからだ。

その売買の様相は、板を見ていればわかる。

たとえば、大きな単位の「売り注文」が出てきたタイミングで、一気にその大口の売り注文が消え、さらに上の株価に気配が行く時は、成り行きの買いが売りを飲み込んだことになる。

もちろん、買いだけではなく、ある程度株価が上がったタイミングでは、成り行きの売り注文が出て、目先の利益を確定する。

プロのトレーダーが行う、ロット勝負の売買では、この方法が当たり前に行われる。

ある日の【2158　FRONTEO】の５分足と板

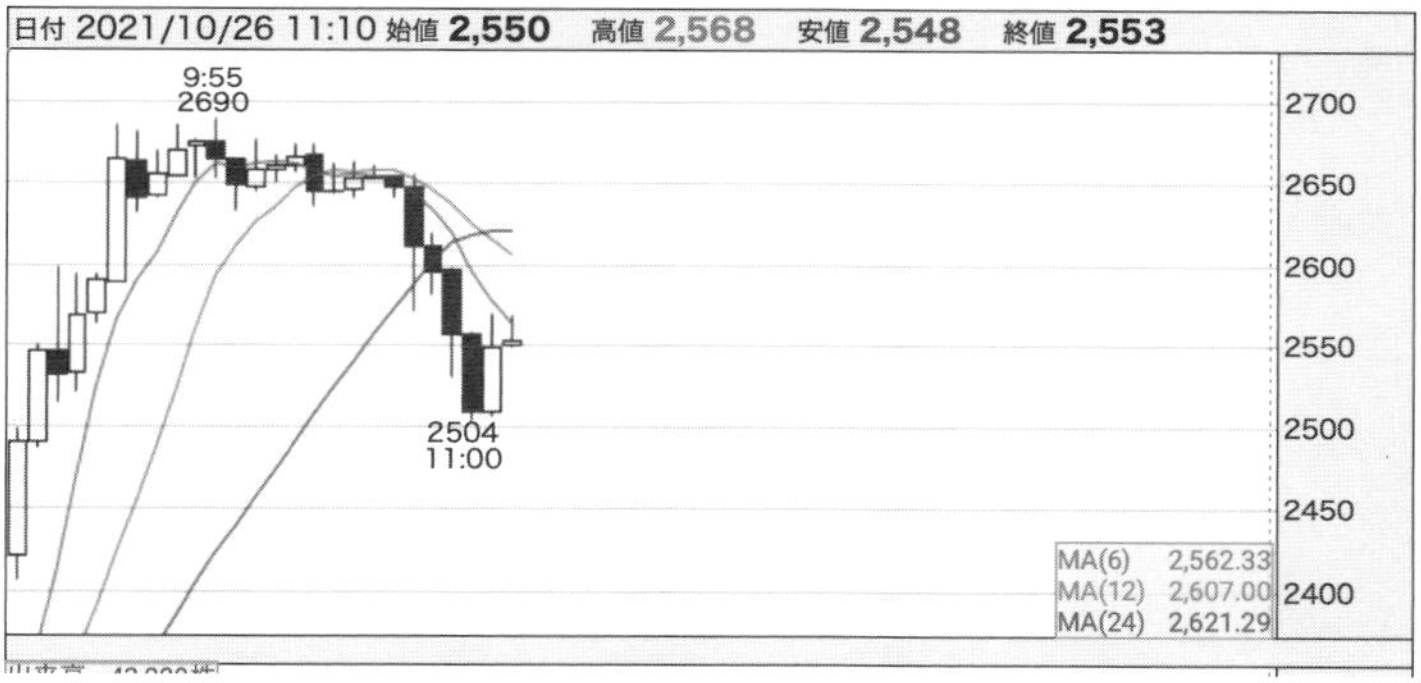

「株探」https://kabutan.jp

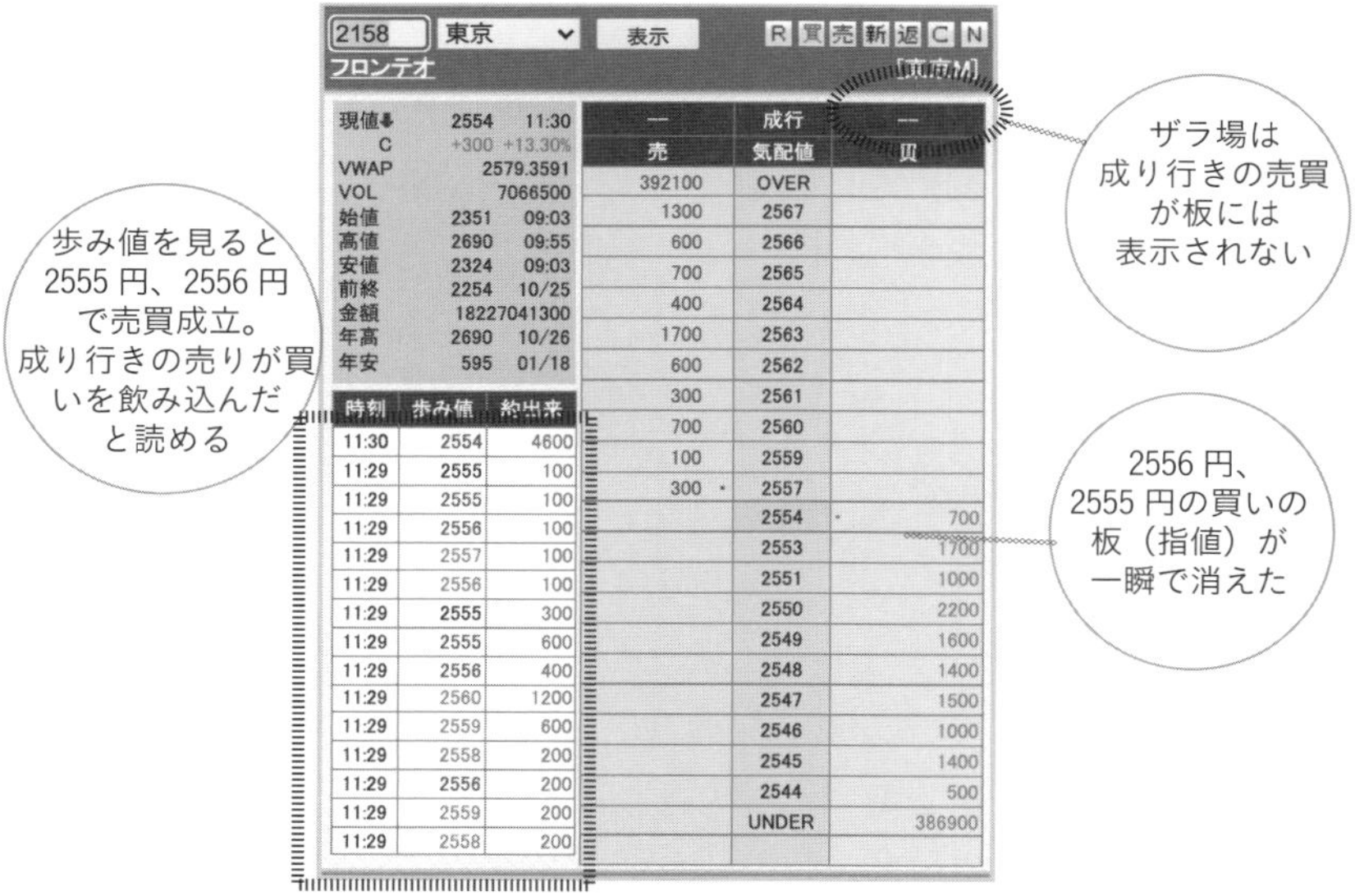

「au カブコム証券」https://kabu.com

鬼100則 45

一気に上値を追う時の歩み値

株価に勢いが見られる時、買いがどんどん湧いてくる。

売られても売られても、その売りを飲み込んでいく。

この様相を見て、更なる追随の買いが湧いてくる。

これが株価が急騰する時の板であり、歩み値である。

もちろん、このように板が買い一方の時は、そのきっかけとなるニュースがある。

驚異的な業績の発表。画期的な新技術。新商品の発表。夢の治療薬の承認。

あるいは、追い風となる政策、予算、政治的決定など。

要因はさまざまだが、生き馬の目を抜くと言われる市場参加者の対応は早く、材料や、ニュースが衆目にさらされる前に株価が動く。

歩み値こそが、日本の最速のニュースとも言える。

板の強烈な変化は、監視している限りは気付くことができる。

ある日の【6178　日本郵政】の５分足と板

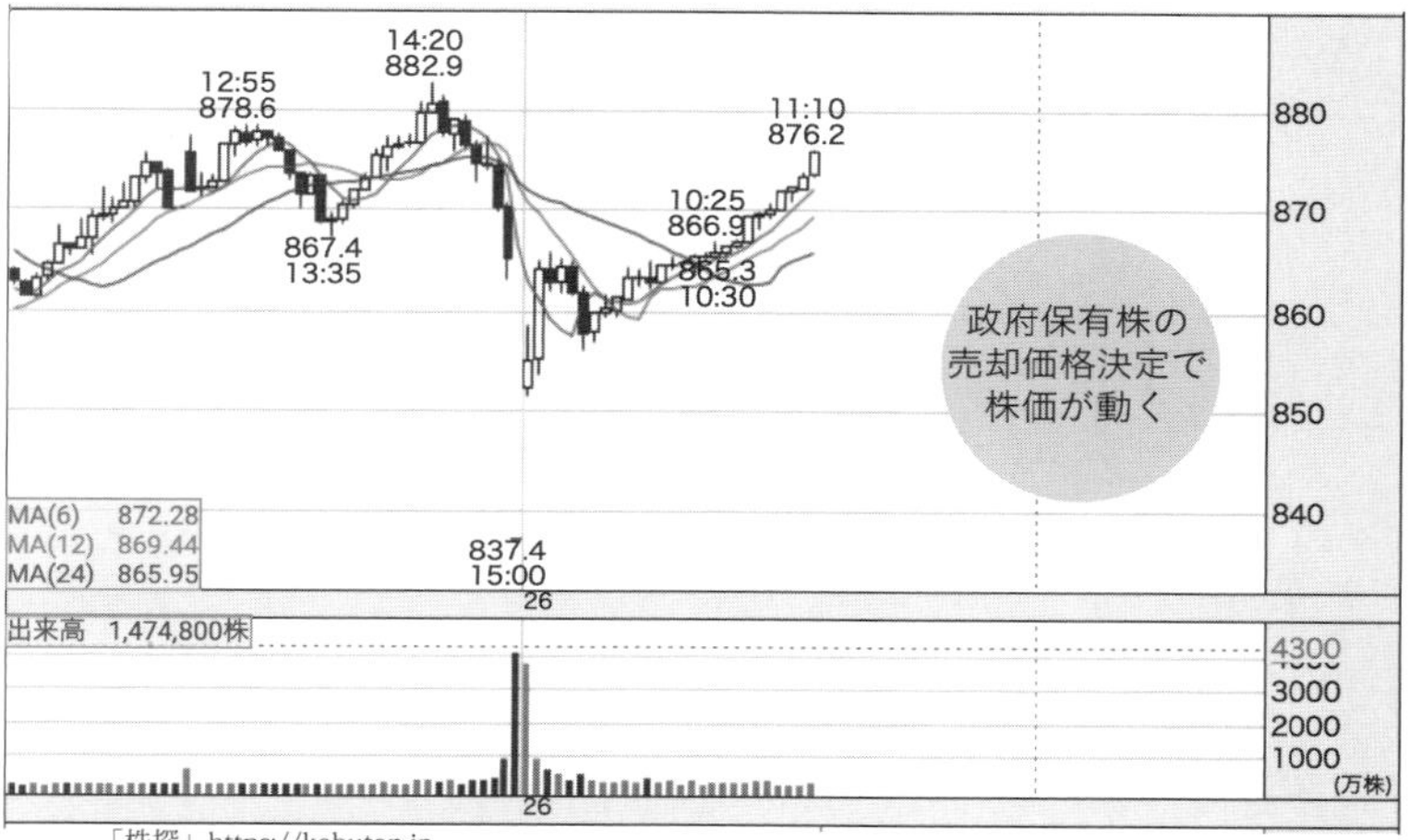

「株探」https://kabutan.jp

現値⇒	876.2	11:14
	+38.8	+4.63%
VWAP	859.7509	
VOL	91480700	
始値	852.4	09:00
高値	876.2	11:14
安値	851.5	09:00
前終	837.4	10/25
金額	78650615350	
年高	1101.0	03/19
年安	793.4	01/04

時刻	歩み値	約出来
11:14	876.2	5000
11:14	876.2	100
11:14	876.1	500
11:14	876.1	200
11:14	876.1	1000
11:14	876.1	500
11:14	876.1	800
11:14	876.0	400
11:14	876.0	1000
11:14	876.1	1800
11:14	876.1	100
11:14	876.0	300
11:14	876.0	700
11:14	875.9	1500
11:14	875.9	200

---	成行	---
売	気配値	買
5643100	OVER	
12500	877.1	
71400	877.0	
13800	876.9	
23600	876.8	
12800	876.7	
12400	876.6	
18400	876.5	
12100	876.4	
17600	876.3	
14400	876.2	
	876.1	5900
	876.0	17800
	875.9	9700
	875.8	25200
	875.7	20600
	875.6	8900
	875.5	8700
	875.4	16300
	875.3	8200
	875.2	6900
	UNDER	44232600

「au カブコム証券」https://kabu.com

その瞬間にニュース検索を行い、「なるほど」という合点で投資判断ができる。

その意味では、板は隠せない相場の行方を見せるものなのである。

鬼100則 46

売りと買いが綱引きの歩み値

株価は「売り」と「買い」のバランスで方向が決まる。
売りが強ければ、株価は下げてくる。
買いが多ければ、株価が上がる。
当たり前だが、株価の変動、板の変化は売買のバランスで決まる。
上に行くのか、下に行くのか。
微妙なバランスで決まってくる。
それを見て、上の方向ならば、買いが増える。板の影響で株価が強くなる。
逆に、売りが強くなれば、その様相を見て、売り急ぐ人が増える。
板は、単なるデータではなく、投資家心理に大きな影響を与えるのだ。
目の前の板のバランス、様相に注目しないと、短期のトレードでは勝つことはない。
もちろん、中期トレードを狙う人も、見た方が相場の流れが読める。

ある日の【6758 ソニーグループ】の板

	成行	
売	気配値	買
563700	OVER	
1300	13875	
1000	13870	
600	13865	
1000	13860	
500	13855	
208200	13850	
	13845	207100
	13830	400
	13825	400
	13820	400
	13815	400
	13810	1700
	UNDER	678500

現値 ↑ 13850

歩み値にも
綱引きの
状況が
出ている

時刻	歩み値	約出来
9:01	13840	800
9:01	**13845**	400
9:01	13835	300
9:01	**13845**	100
9:01	13840	400
9:01	13840	100
9:01	**13845**	100
9:01	13840	2000
9:01	13840	900
9:01	13840	600
9:00	**13840**	600
9:00	13835	600
9:00	13840	300
9:00	**13840**	100
9:00	13835	100

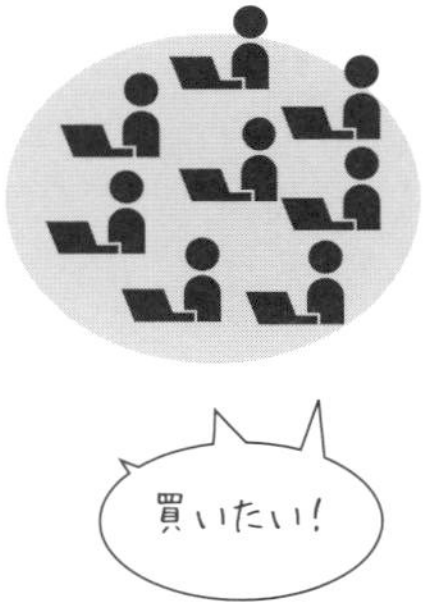

鬼100則 47

歩み値で方向が読める

板の中でも「歩み値」は、株価変動の「鼓動」を実感できる貴重なデータである。

買いの注文が増えて、売りの注文をどんどんなくしていく（買っていく）ようであれば、株価に対して上げ圧力が強まっている。

板では次から次へと買いが湧いてきて、歩み値は怒濤の勢いで流れ、約定値が上がっていくのが見てとれる。

このような時は慌てて利益確定する必要はない。

どこまで上がるのか。

買いはどこまで続くのかを冷静に見極めることが賢明である。

株価の上昇、下落の方向はローソク足で知ることができるが、より臨場感を持って察知するには、板情報、なかんずく、歩み値の変化をこの目で見ておく必要がある。

その動きから、空気を読み、勢いや流れを読むことで、株価の方向、相場の流れを感じることができる。

この「感じる」「察知する」作業が、相場で確率よく挑むには極めて重要であり、怠ってはいけない。

強烈に売りの枚数が湧いてきた時。

それは相当の確率で悪材料が出たタイミングである。

安値で買う人がいるが、買われても買われても、売りが出てくる。

つまり「投げ」が出てきている時である。

逆に、何だかわからないが、買いがどんどん出てきて、売られても、売られても上げる。

この時も、上げるにふさわしい材料や、ニュースが後から伝わる。

もちろん、ニュースにも流れない「意図的な株価操作」もあるのだが。

時刻	歩み値	約出来
10:42	**3460**	100
10:42	3455	100
10:42	**3455**	1800
10:42	3450	100
10:41	3450	100
10:41	3450	400
10:41	3450	100
10:41	3450	100
10:41	**3450**	100
10:41	3445	400
10:41	3445	100
10:41	**3455**	100
10:41	**3450**	100
10:41	3445	500

第5章

売買の板のバランスを読み切る

時代の風潮、自分を取り巻く環境、さまざまな価値観、それらを正しく見きわめ、自分の判断で行動できるのは、どこにも属さない「迷子」だけだ。

夏目漱石

自分に勝算があり、それを裏打ちする標本が十分にある場合、確率的結果を生む事象は一貫した結果を残す。

マーク・ダグラス

鬼100則 48

前の日より強い朝の気配

その日の株価がどのように動くのか。

全体の流れは朝のニューヨーク相場である程度、予想できる。

ただ、個別の銘柄は、個別の材料で動く傾向が強いので、やはり、寄り付き前の板で察知しなければならない。

四半期ごとの決算や本決算は場中に発表されることもあるが、株価に急激な影響を与えたくないとの配慮から、15時過ぎ、すなわち、場が終わってから発表されることが多い。

その反響は、夕方から売買される夜間のＰＴＳ（私設取引システム）に直ちに反映される。良い内容、特に、市場予想を上回るような強烈な上方修正はＰＴＳで早くもストップ高になる。

当然、この動きは翌朝の気配に反映される。

夜に売買されるＰＴＳは、個人の売買が大半であるが、日中の気配は世界中からの注文である。

ＰＴＳと同じ反応であれば、小型の銘柄はストップ高気配。

大型の銘柄は買いが圧倒的に勝る板になる。

また、業績以外でも政策的な後押しがあれば、そのニュースに反応して買われるので、関連銘柄の板は買いが多い。すなわち、強い傾向があるのが一般的なので、「買いが多いな」と感じた時は、ニュースを見るなりして、その根拠を探したい。

ニュースから板を見ることもあるが、板で異変を感じる逆の感知の方法もある。

7862　東京　表示　R 買 売 新 返 C N
トッパンフォ　[東京 監理]

現値	—	—
	—	—
VWAP		—
VOL		—
始値	—	—
高値	—	—
安値	—	—
前終	1022	11/10
金額		—
年高	1221	03/22
年安	986	08/20

時刻	歩み値	約出来

200	成行	14528300
売	気配値	買
—	OVER	
	—	
	—	
	—	
	—	
	—	
	—	
	—	
	—	
	—	
14400 前	1322	
	1322	前 14680800
	1321	200
	1300	400
	1282	100
	1251	100
	1250	3200
	1232	1100
	1222	100
	1200	2200
	1190	200
	UNDER	43700

「凸版がTOBを実施」と報じられた翌朝、寄り前の【7862　トッパンフォームズ】の板。
一方的な買いが入っている。
この日はストップ高で値が付かず終わり、翌日も連続してストップ高となった。

「au カブコム証券」https://kabu.com

鬼100則 49

前の日より弱い気配

逆に、前の日に比べて、気配が弱い。こういう時は、「なぜなのか」というのを見る必要がある。

NYダウ（ダウ平均株価）やナスダックが弱い時、特にナスダックが弱く、SOX（フィラデルフィア半導体株）指数が下げた時は、概ね、東京の半導体銘柄は弱く始まる。

また、NYダウが大幅に下げた時は、大型の銘柄は「売り先行」で始まるのが一般的である。

この傾向は知っておきたい。

これは日本の企業がアメリカに依存している状況、また、アメリカがメインではないにしても、世界のナンバーワンの経済大国の動向が巡り巡って、企業業績に影響が及ぶのではないかとの連想が働きやすいことで株価、気配値に影響する。

また、当然だが、前の日の取引が終わった後に発表された決算や業績、企業経営上でのマイナスの情報はダイレクトに気配値に反映される。

そこで、先ほども述べたが、「いやに安いな」という板が現れた時は、「なぜなのか」という目で見ることが大切である。

また、いつもの押し目が来た。というような安易な目で見て買いを入れると、なんと、来期の暗いニュース、マイナスの情報があったりもする。

このように、板は単なる数値の羅列ではなく、個別の企業の動きに始まり、世界的なさまざまな情報までも織り込む。

非常に価値のあるデータである。

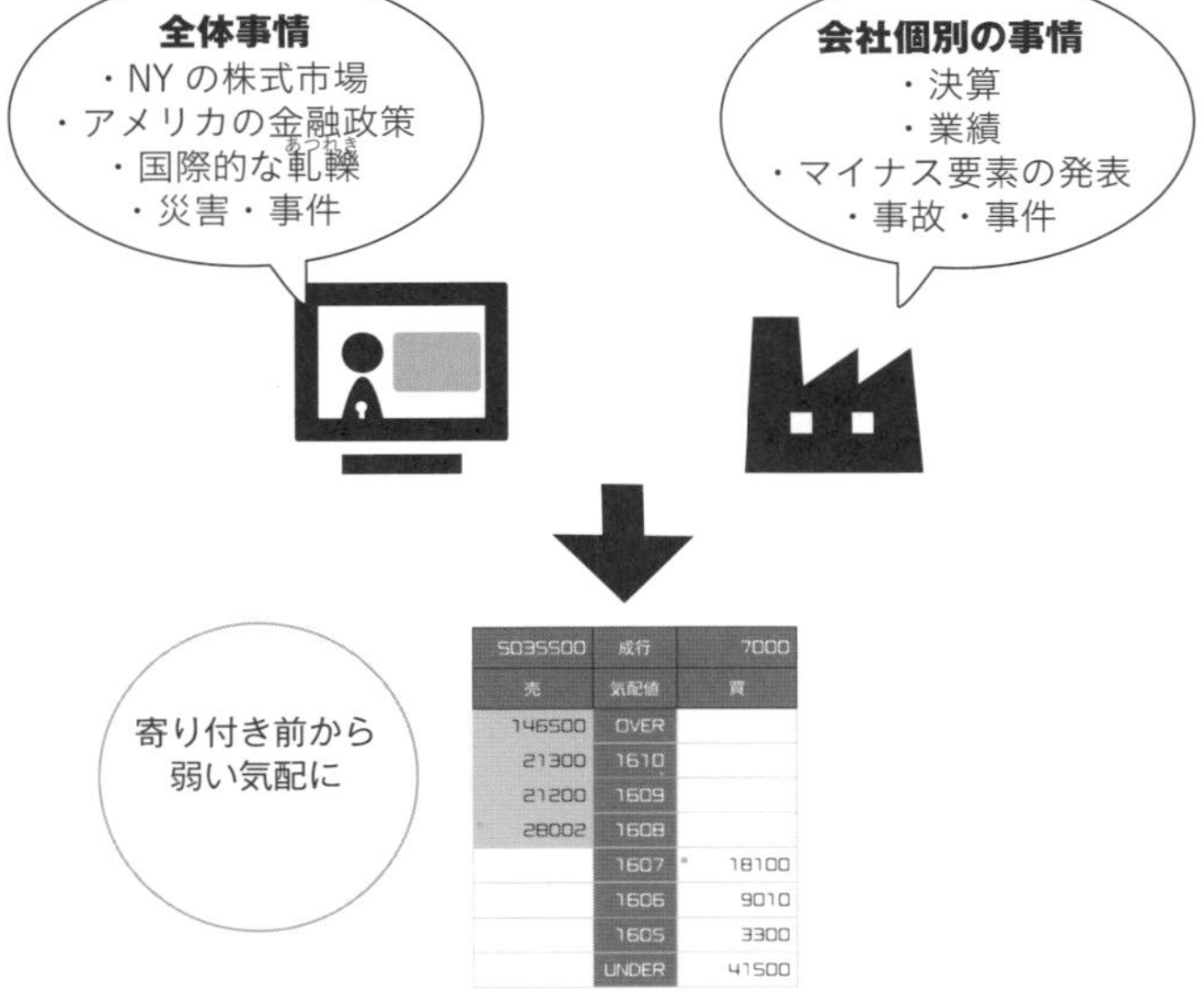
全体事情
・NY の株式市場
・アメリカの金融政策
・国際的な軋轢《あつれき》
・災害・事件
会社個別の事情
・決算
・業績
・マイナス要素の発表
・事故・事件
寄り付き前から
弱い気配に

5035500	成行	7000
売	気配値	買
146500	OVER	
21300	1610	
21200	1609	
28002	1608	
	1607	18100
	1606	9010
	1605	3300
	UNDER	41500

成り行きの枚数に現れる強弱

朝の寄り付き前、後場の寄り付き前の板には、成り行きでの売りと買いの枚数が表示される。

成り行き注文は、とにかく今の相場水準で早く「買いたい」「売りたい」というものだ。「買いたい」という注文は、**強気の相場観**から出ている。「売りたい」という成り行きの注文は「弱気」がなせるものである。

さて、この成り行きでの注文で、売りと買いのどちらが多いかである。

買いが圧倒的に多ければ、その銘柄への「先高観」があるわけである。

逆に、売りの枚数が圧倒的に多ければ、先安観に支配され、処分売りの状況にある。

株価が今後下げていくことを予測できる成り行きのバランスである。

この板の状況を無視はできない。

それどころか、極端に売りが多い銘柄に「成り行きでの買い」を入れる人がいるわけだが、株価の位置が下落の途中なのか、それとも大底かを見て買いを入れる必要がある。

買いが多い時も同じである。

大天井では往々にして強気になるが、乖離が大きくなった時の強気の板は危ないと考えないといけない。

ある日の【6193 バーチャレク】の板と５分足

10600	成行	51600
売		買
31100	1101	
	1101	特 66400
	1100	1200
	1099	700
	1098	200
	1097	200
	UNDER	32600

現値　→　1101

成り行き注文にそれぞれの相場観が出る

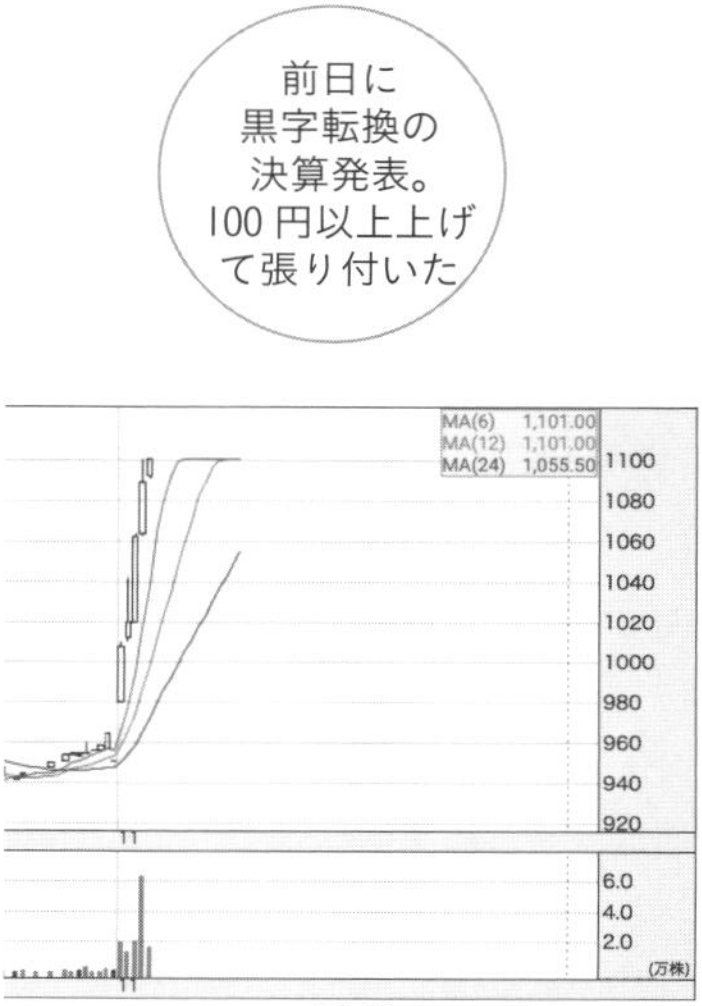

「株探」https://kabutan.jp

UNDERとOVERのバランスを見る

板の右手、「買」の欄の一番下にある「UNDER」と、左手「売」欄の最上段にあるOVERの数字。これらはセットで見るべきだ。

バランスはその銘柄の株価の下落や上昇の方向性を表している。どちらの枚数が多いかで、売買の方向性を読むことがトレードでは大切である。

買いが多い時の板の形としては、**UNDERの数値が極めて大きい**傾向がある。

UNDERというのは、板に表示される買い希望の株価や枚数には出ていない「**隠れた株数**」である。表示されている板の段数は証券会社によってまちまちだが、その下限の板よりも**安い、表示されないところに大きな買いの枚数が隠れている**のが特徴である。

それが多ければ多いほど「有利に買いたい」人が多いことを示している。

そして投資家はUNDERの多さを見て、「指値で注文しても、あまり下がりそうにない」と判断し、表示されている程度の株価で買いを入れたり、成り行きで買うことになる。

ＵＮＤＥＲの株数の多さは、**株価が強いという印象**を与える効果がある。

逆に、「売り」欄外のＯＶＥＲが多ければ、上値では売りが待ち構えている。その注文の多さを見て、「上値には限界がある」と考え、早めに売りを出すという効果を与えるわけである。

売り買いどちらも偏って多くない拮抗の板では、売買の動向を見ないと、方向がわからないのだ。

ある日の【6522 アスタリスク】の板

16640 円よりも高い値段で指値で売り注文した数の総数

板に出てこない「成り行き」注文にも注意が必要！

	成行	
売	気配値	買
36800	OVER	
100	16640	
300	16600	
200	16590	
100	16580	
	16550	100
	16540	400
	16530	300
	16520	400
	UNDER	63400

現値　↑　16580

16520 円よりも低い値段で指値で買い注文した数の総数

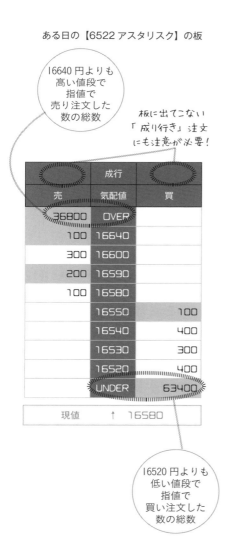

鬼100則 52

バランスが読みにくい大型の銘柄

売買のバランスが読みにくいのが、大型の銘柄である。

株価は上値を取ってきているが、OVER（売）の枚数は割合に多く、UNDERの方が少ない時がある。

これは上値が重いとは限らず、「高く売れれば結構だ」というような、**売りたい強気**の板である。

必ずしも、売りたいわけではなく、株価が強いので、「この程度までは上がるだろう」という読みからの指値の売りが上値で出ているのである。

それが、上げているにもかかわらず、OVER（売）の枚数が多い状況のカラクリである。

このような**明確な方向性が出ていない銘柄の板では**、リアルタイムで現れる買いの枚数、売りの枚数を**歩み値で感じるしかない**。

大型の銘柄に出てくる注文は、往々にしてコンピュータによるアルゴリズム売買がセットされている。彼らのシステム上で条件を指定して「こうなったら売る」「こうなれば買う」と自動的に売買されるので、割合大きな数字の成約が歩み値に出てくる。

ＵＮＤＥＲ（買）、ＯＶＥＲ（売）のつり合いではさほど差がないにもかかわらず、上値を取ってきている時は、明らかに大口が何かの材料、データを元に高い価格帯に買いを入れていると予想できる。

こういう時は、**相乗りの作戦**をとりたい。

もちろん、ガンガン上げているタイミングではなく、買いが途切れて、上昇が止まって弱くなった、つまり買い方がじわりと仕込みに入っているタイミングを狙うのが賢明である。

ある日の【9984 ソフトバンクグループ】の板

売	気配値	買
1944800	OVER	
4100	6582	
2700	6581	
11200	6580	
3000	6579	
	6577	2900
	6576	1600
	6575	1600
	6574	4200
	UNDER	1700000

現値　↑　6579

UNDER と OVER の差はそう大きくないがじりじり上がってきている

時刻	歩み値	約出来
11:14	6577	1600
11:14	6577	100
11:14	6578	1900
11:14	**6578**	300
11:14	6577	200
11:14	6577	100
11:14	**6578**	400
11:14	6576	100

鬼100則 53

バランスは日中に急変する

株価の変動は、突然やってくる。

朝のうちは、さして目立たなかった銘柄が、後場の寄り付きの後に、急に売買が激しくなってきて、ぐんぐん、株価が上がるようなことがある。

この板には、上値をどんどん買ってくる注文が入る。

買っている筋は何かの材料をつかみ、「このくらいの株価でも問題はない」というスタンスに入っている。

板の急変は、特にデイトレなどで素早く入り、稼ぐためのタイミングになるのだ。

パソコンで売買する時には、10銘柄くらいの板は常に見られる環境が株式投資のサイトで用意されているので、常に見られるような配置にしておきたい。

いわば、「**監視銘柄**」だ。

この中の1つでも異変が起きた時はいつでも入れるようにしておくことが、チャンスをつかむための重要な心得であり、素早いトレードの必須環境になる。

ただ、異変があり、急に出来高が増えてきて、急騰した銘柄であっても、それが永続するとは限らない。

テーマ性が連想される銘柄であっても、納得できる業績の変化がないものは短命になりやすい。

単に買いが増えた、上がった、上値を取ってきた、ということで飛び乗ると、そこが高値であったということはいくらでもある。

株価は大口が左右するが、仕手筋という、儲けのみが眼中にあり人を騙すことが目的の株価操作もあるので、注意が必要である。

出来高急増で飛び抜けて上がっても、1日、2日くらいは様子を見る余裕が大切である。

目先のデイトレで値幅を取るのも良いが、右肩上がりの理想的な株価の趨勢をつかむには、短期の変動には乗らない方がベターである。

第6章

指値と成り行きの注文の成立

手に入れる価値があると判断したら、私はそれを手に入れるまで何度も何度も挑戦する。

トーマス・エジソン

同じ方法で悪くなる。
だから捨てなきゃいけない。
せっかく長年築きあげてきたものでも変えていかなくてはならない。

羽生善治

鬼100則 54

朝一の「板寄せ」を見切る

さて、ここでは売買の成立の決まりと、それを踏まえた売買のコツについて確認していこう。

朝一番、開場1時間前である8時の板を見ると、その銘柄の「強弱感」が大体つかめる。「これは上がるな」という銘柄に入るには、まずは成り行きの売買のバランスを見ることだ。

大きな差がなければ9時からの寄り付きですんなりと売買成立となることが多い。

ところが、買いが強い時の板では、少し高いところで、気配が出ていることが多い。「先高観」からどうしてもその銘柄を買いたい時は、そこそこの許容範囲で、とりあえず小ロットだけゲットするといいだろう。

その時に**確実に買えるのは、「成り行き」での買い**である。

朝一の取引では、「とりあえず早く確実に買いたい」という成り行きでの注文が売買成立において最優先されるからである。

その次が「売り気配」よりも高い株価の買い注文。

その次が売り注文に対する「同値」での買い注文。

さらに、その次は、寄り付きの株価よりは低いがあらかじめ入っていた買い注文で、たまたま、株価が下がってきた時に成立する。

この「板寄せ」という売買成立の方法を心得て売買に当たろう。

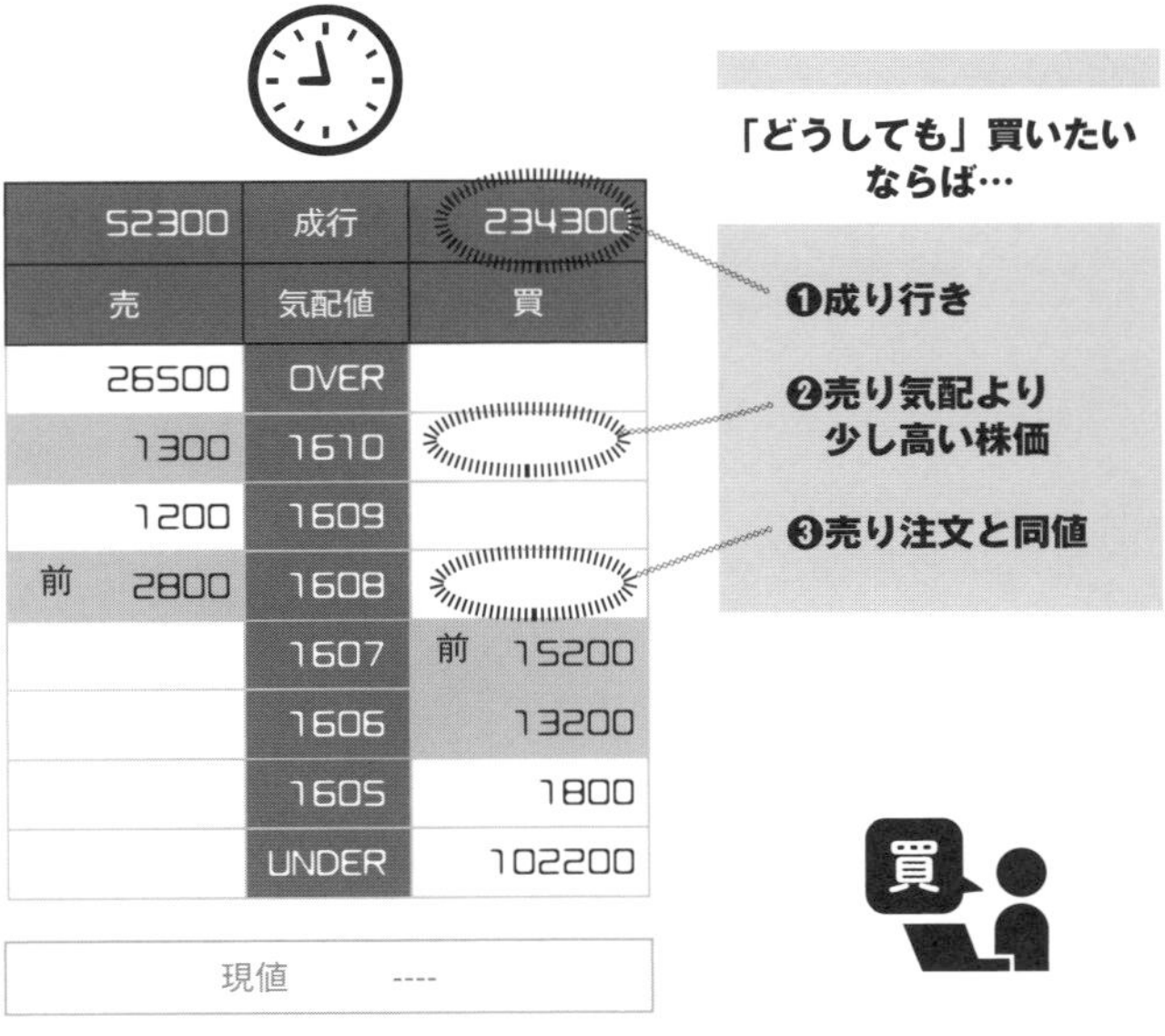
「どうしても」買いたいならば…
❶成り行き
❷売り気配より少し高い株価
❸売り注文と同値
買

52300	成行	234300
売	気配値	買
26500	OVER	
1300	1610	
1200	1609	
前　2800	1608	
	1607	前　15200
	1606	13200
	1605	1800
	UNDER	102200

現値　----

鬼100則 55

前日の終値を基準に据えて売買する

株の売買が成立する時は、成り行きを除いて、**板に表示される注文の順序**で成立していくのは、前にも説明した通りだ。

そこで、どのような注文をすれば有利かを考えてみよう。

「前の日の終値を基準にして、その株価よりも低いところに小分けして注文を出す」

これが有利になる買い注文の方法である。

なぜそうするかと言えば、できるだけ安く仕込むことで、株価の少しの変動でも利益確定しやすい「含み益」が出るからだ。

前項のような、何としてもこの銘柄が欲しいという考えで、成り行きで仕込むと、株価が下に向かう時に、大きな含み損が出て、暗い気持ちになるものだ。

不思議なことに、慌てて仕込んだ銘柄は、株価の押し目で、必ずと言って良いほど含み損になる。

銘柄群にもよるが、プラスの材料がある銘柄であっても、必ず、株価の上下がある。

欲しいという気持ちはわかるが、「下値に這わせる」「安いところに買いを出す」という習慣が大切である。

ただ、ある程度の予測をして注文しても、逆の方向に動き、予想外の損失が出た時はすかさず、手持ちを閉じることだ。

52300	成行	234300
売	気配値	買
26500	OVER	
1300	1610	
1200	1609	
前　2800	1608	
	1607	前　15200
	1606	13200
	1605	1800
	UNDER	102200

現値	----

「有利に」買いたいならば…

前日の終値より少し低いところに小分けに注文を出す

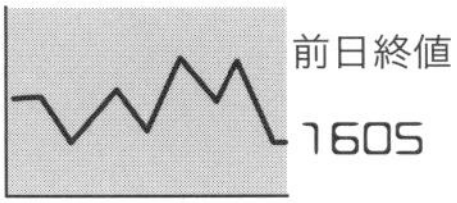

鬼100則 56

「今」買いたい・売りたいのなら優先される「成り行き」で

朝一の株価の形成は成り行き注文の玉が最優先で成立することは、すでに述べた。

これは日中の売買が行われている時でも同じである。

板を見ていると、大きな売り注文がある時に、大きな買いの気配値がないにもかかわらず、その売り気配が飲まれて消えることがある。

これは明らかに、成り行きでの買い注文が売りの玉を飲み込んだ証拠である。

また、売り注文でも、即座に売れるのは「成り行きの売り」である。

素早く売る時は、成り行きでの利益確定が賢明である。

ただ、あまりに薄い板、つまり売買の注文数が少なく、気配値も乖離しているような銘柄で「成り行きの売買」を行うと、その注文が株価を動かしてしまう。

成り行きでの売りが株価を下げる。成り行きの買いが株価を大きく上げる。

この可能性の大きい銘柄では、リスクが大きいのでやめた方が良い。

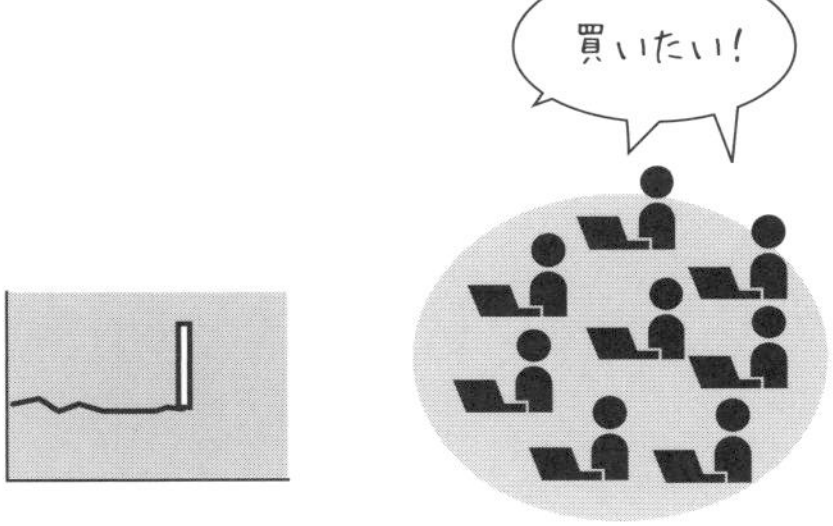

「素早く」買いたい
ならば…

	成行	
売	気配値	買
46500	OVER	
1300	1610	
1200	1609	
2800	1608	
	1607	15200 ×
	1606	13200 ×
	1605	1800 ×
	UNDER	102200 ×

現値　↑　1608

成り行き注文なら
売りが出たら
すぐにモノにできる

指値して待てども
買えない…

せっかちな人には「成り行き」注文が
精神上、良い場合もあります

乖離ができた時も成り行きで取る

大型の銘柄でも、瞬間的に株価の気配が離れることはよくあることだ。

本来、気配値は、590円、591円、592円というように連続が好ましいが、指値の注文ばかりで動いている時は、一瞬590円がなくなり、589円、591円、592円というような板になることがある。

これは決して珍しいことではない。

割に大型の銘柄でも見られるので、小型の銘柄では、590円、593円、595円というような不連続な気配が出ていることはよくある。

この時はやはり、売りと買いの枚数が近く、売りでは一番安く、買いでは一番高い株価が表示される。

それで、売りは590円だが、買いが588円というように離れていて、590円の買い気配がない時は、株価形成がストップする。

それは歩み値にも表れる。

その場合に、先高観がある時は、５９０円に成り行きの買いをぶつけて、買い取ってしまうという作戦がとられる。

もちろん、材料があり、国策銘柄であるというような先高観がある銘柄に限られるが。

気配が
離れていて
売買成立が
ストップ

	成行	
売	気配値	買
16500	OVER	
1300	595	
1200	592	
2800	590	
	588	3200
	586	2200
	585	1800
	UNDER	52200

現値　↑　1608

「板が不連続」の中でも買いたいならば…

成り行き注文なら買い取ってしまえる

結果として
590円で買える

意図的な注文に惑わされない

株の売買をする手段である「板情報」は、本来、自然発生的な「売り注文」「買い注文」を突き合わせて、成立させるもの。

しかし、実際には、有利に売買したい大口の投資家、ヘッジファンド、仕手筋が意図的に、株価操縦を狙いとした注文を出し、投資家の判断を誤らせることが極めて多い。

もちろん、トヨタや日本製鉄のような大型の銘柄は時価総額、発行株数、浮動株が極めて多いので、安易な操作は難しい。

しかし、中小型の銘柄は浮動株がそれほど多くはないので、2000株、5000株くらいの株数の注文で、「これは上がるな」「これは下がる」というような印象操作ができる。

見せ板であり、操作板である。

これで「上がるぞ」「下がるぞ」というような印象を一般の投資家に抱かせて、上げならば、ある程度の高値に到達した時点で一気に利益確定を行う。

また、下げたい時は、大口の売り注文を出して慌て売りを誘い、目標の株価に落ちてくるのを待ち構えてその売り銘柄を買って飲み込む。

明らかに株価操作であるが、日常的に市場で行われているのである。

はめ込まれないよう注意したい。

売	気配値	買
20800	OVER	
1300	1610	
1200	1609	
2800	1608	
	1607	5200
	1606	4200
	1605	800
	UNDER	12300

操作が
入っていない
この板ならば
魅力が薄く
誰も買わない

が意図的に
成立しない価格に
注文を出す

1605	90000
1600	70000

（→頃合いを見計らって
注文を取り下げる）

売	気配値	買
20800	OVER	
1300	1610	
1200	1609	
2800	1608	
	1607	5200
	1606	4200
	1605	90800
	UNDER	142300

買いの板が厚い！
買いたい！

成り行きで
買ったら
1620円

鬼100則 59

株価を下げたい筋の板の操作には逆らわない

銘柄に対する強弱感は投資家の間で対立するものである。「まだまだ上値があっても良い」という「買い方」に対して、「高過ぎる」と考える「売り方」は売りを仕掛ける。

これでぶつかり合うのが板である。

さらに、信用取引では売りを仕掛け、さらに下がった株価を買い戻し、差額で差益を得ようとする。買いは値上がりで、売りは値下がりで利益を得たいと考えているので、双方が激しくぶつかり合う。

どうしても下げたい「売り方」は、板に強烈な玉の売りを見せて、「売りが増えてきたな」「今、売らないと利益がなくなる」という印象を持たせて、売り急ぎを誘う。

買い方に対して「戦意」を喪失させようとする陽動作戦である。

直近の株価に出さなければ、成立はしないので、上値の方の離れたところに出せば、効果抜群である。

ただし、上の方に大きな売り板が現れた時は、意図的であれ本当に売る狙いがあれ、**株価は下げる**可能性が極めて強い。

　板が株価の売買の様相を明らかにし、売り買い双方の力関係を明らかにするので、それを逆に利用して、自分たちの持っていきたい「下げ」の圧力をかける。

　株価の位置、業績、ＰＥＲ、ＰＢＲ、ＲＯＥ、さらに全体相場の傾向を考慮して誘導するのだ。

　板の裏にある売り手と買い手のバランスを読み切り、間違わないように資金を傾けたいものである。

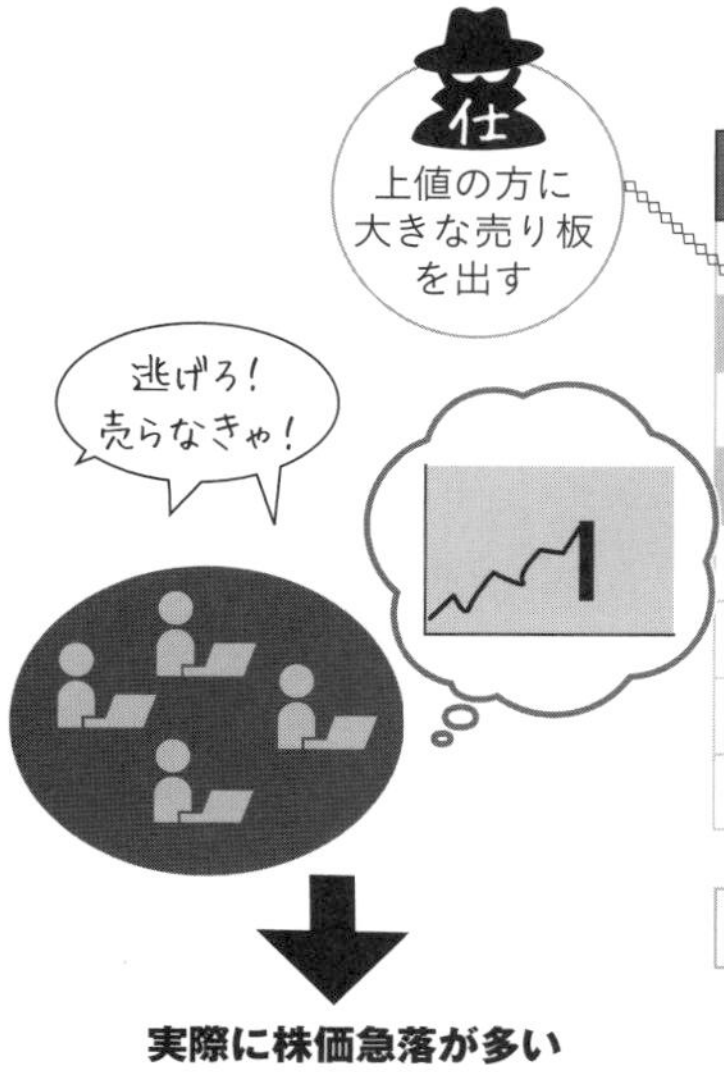
仕
上値の方に
大きな売り板
を出す
逃げろ！
売らなきゃ！
実際に株価急落が多い

売	気配値	買
1046500	OVER	
21400	1610	
1200	1609	
2800	1608	
	1607	15200
	1606	6200
	1605	1800
	UNDER	102200

現値　↓　1607

鬼100則 60

割安株の株価を上げる操作を見破り乗っかる

現在の株価はＰＥＲ、ＰＢＲ、ＲＯＥなどの尺度に照らして割安過ぎる。

成長株、人気株が上がり過ぎて、ＰＥＲ１００倍などというものが出てくる中で、ＰＥＲ２倍、３倍の好業績銘柄は当然ながら低過ぎに見える。

誰もがそのような印象を持つ相場環境では、よくある筋が板に多めの買いを出す。

２０００円程度の銘柄で、１００円、２００円の株価の上げが際立ってくるので、市場の注目が集まる。

このような状況で、板に出した買いの株数は抜群な効果を発揮する。

「買いが買いを呼ぶ」動きになるからだ。

もちろん、一直線に上げるのは、小型の材料株くらいである。

あまり急激に上げると、相場は短命に終わるので、「割安」を意識させながら、適度に利益確定を入れ、じわりじわりの上げに持っていく。

この株価、板でなかなか買いが急速に集まらないのは、「高所恐怖症」だからである。

今までにない株価の上げの勢いに、「ついていけない」わけである。

しかし、上がるものはどんどん上がる。これが株価の本当の在り様だ。好業績、人気株、ということになれば、ＰＥＲが30倍くらいになるまでは上がる。

ＰＥＲ3倍のような割安好業績銘柄はＰＥＲ9倍。少なくとも3倍にはなるだろう。

そのつもりで板を見ると良い。

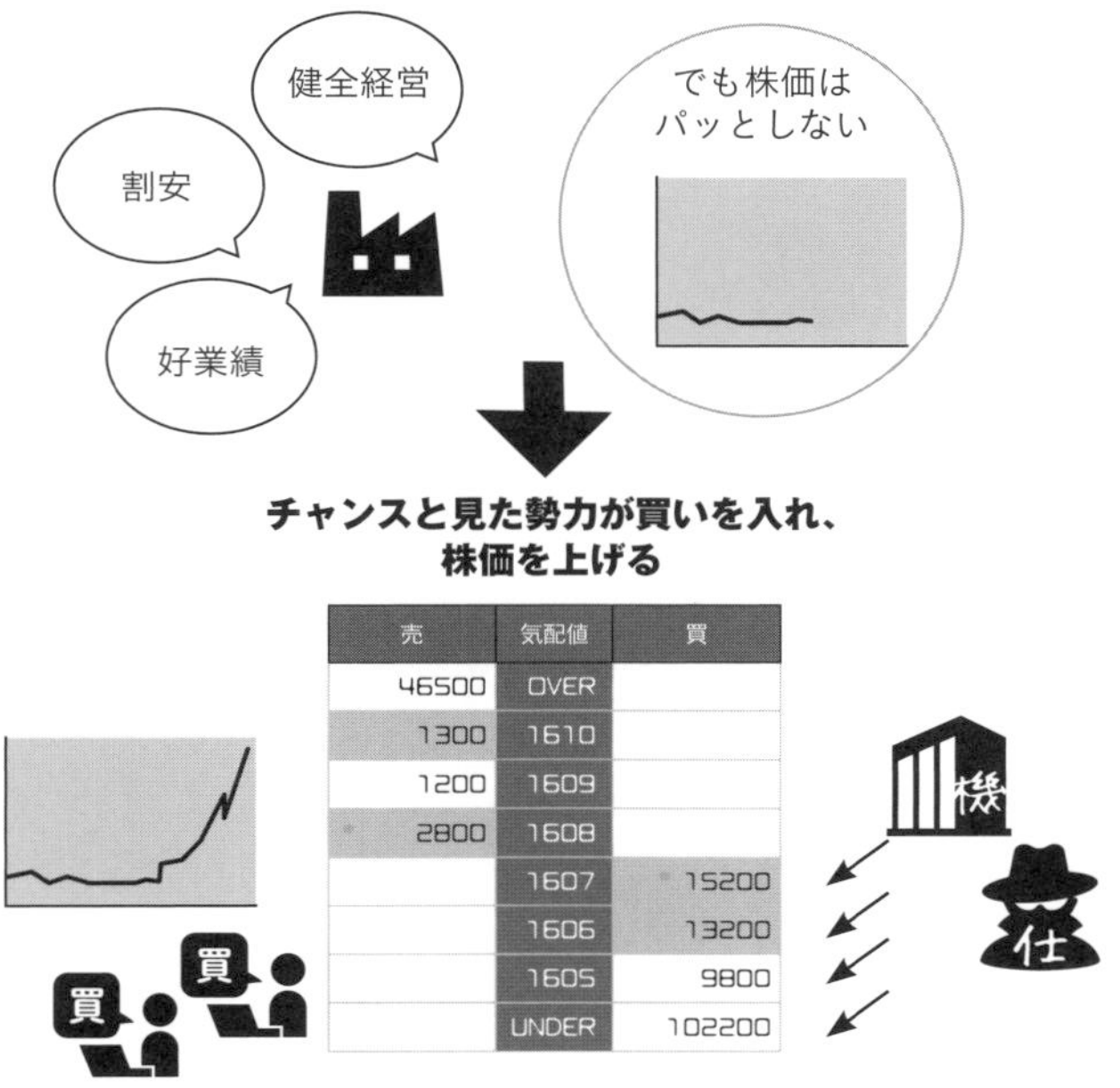
健全経営
割安
好業績
でも株価は
パッとしない
チャンスと見た勢力が買いを入れ、
株価を上げる
買
買
機
仕

売	気配値	買
46500	OVER	
1300	1610	
1200	1609	
2800	1608	
	1607	15200
	1606	13200
	1605	9800
	UNDER	102200

第7章

板の変動の中からチャンスをつかむ

機会を待て。だが決して時を待つな。

ヴィルヘルム・ミュラー

欲が多いと、「運」を逃がす。

桜井章一

鬼100則 61

テーマ性で買われる時の板は

株式市場ではさまざまな投資家が、それぞれの相場観で売買の注文を出す。そのために、銘柄が違えば板の様相も変わる。

ただ、似たような値動きはある。

たとえば、執筆時現在、コンテナ船やばら積み船の需給が締まり（需要に対して供給が不足）、運賃が上がって海運株の業績がよくなり、利益に対する株価水準があまりにも割安である。ファンダメンタルズ的に言えば、「出遅れている」。

ＰＥＲが3倍以下だ。通常は13から15倍程度が標準なので、大体は割安感からの買いが入ってくる。

海運大手は日本郵船、商船三井、川崎汽船の三社。最大手の日本郵船が買われ、ついで、商船三井、川崎汽船が買われる。

もちろん、船株を手掛ける側の考えは同じなので、同時に上がる傾向がある。

そうなると、似たような買い、利益確定の「歩み」が見られることはある。

半導体、鉄鋼株、レジャー株、食品株など、**同じ業種の銘柄は同じように動きやすい**。

もちろん、個々の銘柄の業績動向は違うので、すべて、同じような板になるわけではないが、テーマ性で買われたり、動いている時は、投資家はテーマで銘柄選びを行い、注文を出す傾向にあるので、板が似たような形になるのだ。

テーマで動いている時は、「出遅れのテーマ株」探しが必ずあるので、**出遅れ銘柄にスポットライトを当てる**のも得策だ。

ある日の【9101 日本郵船】と【9104 商船三井】と【9107 川崎汽船】

【9101 日本郵船】

売	気配値	買
15800	7680	
15300	7670	
26700	7660	
2500	7650	
	7640	25000
	7630	22200
	7620	42900
	7610	47400

【9104 商船三井】

売	気配値	買
34200	6760	
24500	6750	
17300	6740	
5800	6730	
	6710	14400
	6700	59100
	6690	37800
	6680	51900

【9107 川崎汽船】

売	気配値	買
36400	5240	
45200	5230	
13400	5220	
15700	5210	
	5190	24400
	5180	20300
	5170	41400
	5160	42800

同じ業種の銘柄の板は同じように動きやすい

鬼100則 62

人気度に従い動きが表面化する

これまで人気圏外に置かれていた銘柄の板が、急に激しく変化するのも、よくあることである。

人気銘柄とは、時代性があって時流に乗っており、これからの世界の産業をリードするものだ。

投資家は常にフレッシュな銘柄群にスポットライトを当て、株価を動かす。

買いを入れてくる。

すでに大きく動いた銘柄よりは「手垢がついていない銘柄」に注目する。

なぜなら、すでに大きく動いた銘柄は、高値で多くの出来高があるので、株価が停滞すると、その価格帯での保有者が増え、「売り待ちの玉」が多くなるからだ。

上がれば、利益を出して売りたいという人が多いので、「株価が重い」のである。

その重い株価を触るよりは、**それまで人気の圏外で、売買が少なかった銘柄の方が動か**

しやすい。

人気テーマランキングを見ればわかるように、市場では常に新しいテーマの銘柄が動く。株探などの株情報サイトで、ある日の「人気テーマランキング」を見てみると、上位にあるのは半導体、半導体製造装置、中古車などである。

ところが、ランキングの下の方を見ると、旅行、外食、アウトドアというのがある。これは新型コロナウイルスがまん延していた時は、不人気の銘柄だった。

しかし、時が過ぎて、世の中の動きが変わると、「新鮮味がある」と見なされ、買われるようになる。

その傾向に合わせて、関連の銘柄の板が忙しくなるのだ。

株式投資では「次の人気銘柄」を予測し、動きを察知して、早めに手掛ける投資法が勝ちにつながる。

すでに人気化している銘柄で変動を取るのも手だが、その先の動きを読むところに大きなリターンの可能性がある。

鬼100則 63

閑散な板の裏で起きていることに注意

「人の行く裏に道あり花の山」。

これは古くから言われた株式投資の格言である。

今、人気化して上げている銘柄は、すでに買われて、売りたい人が多いので、あまり人気のない「裏銘柄」的なものに注目し、先回りして買うとよい、と教えるものだ。

不人気の銘柄の板は当然ながら、売買の注文が多くはない。

しかし、そこを狙うのが、玄人のやり方である。

誰にも知られないように、指値で、静かに注文を這わせる。

大きな売りの玉ではなくても、株価があまり変動しないことにしびれを切らした投資家が売ってくるのを待ち構える。

売買出来高や売買代金ランキングを見ればわかることだが、いつも、大きな出来高がある銘柄は限られている。

そこに、にわかに顔を出してきた銘柄の板はよく見ることだ。

どのように買われ、上値を取っているかが参考になり、チャンスをつかめるはずである。

にわかに顔を出してきた銘柄、テーマ株は、「ニュースター」である。

その**手垢がついていないものに、いち早く気付いて手掛ける投資法**をとりたい。

それは板にも次第に大口の買いが集まるので、わかるはずである。

今までに知られていない動きを察知する。

板を読むというアンテナを張ることが勝利の源である。

売	気配値	買
25400	OVER	
100	1570	
400	1569	
100	1568	
100	1565	
	1561	300
	1560	100
	1557	500
	1556	400
	UNDER	23400

現値　↑　1565

閑散に
見えた板が
突然動き出す
**ニュースター
の発見**

売	気配値	買
377000	OVER	
2300	1865	
1200	1864	
200	1863	
1600	1862	
	1860	2500
	1859	3800
	1858	700
	1857	5400
	UNDER	618700

現値　↑　1862

鬼100則 64

売買代金上位進出の板の読み方は

「人気銘柄は何だろう？」

これは個人投資家が一番知りたい情報である。

それも、「万年人気」という常連の銘柄ではなく、にわかにトップ50圏外から顔を出してきた「新顔」である。

これにどんな魅力があるかと言えば、第一は「新鮮味」である。

「手垢がついていない」とも言う。

こうした銘柄の特徴は、まだ、その銘柄を買っている人が少ないこと。

「売り待ち」の玉が多くはないので、上値が軽いことである。

そのような銘柄は、テーマ性、新しい材料などに特徴がある。

この新顔の板を見ると、出来高が増えているので、**新しい買い手がどんどん湧いてくる。**

もちろん、そこそこの売り、アルゴリズムでセットされた**大口の小刻みな売買**は混ざるが、新鮮味があるので、バランス面では**売りよりも買いの方が多い**のが特徴である。

ただ、出来高急増はいつまでも続くわけではないので、逃げる、確実に利益確定する心得だけは持っておきたい。

ある日の【5214 日本電気硝子】

売	気配値	買
294300	OVER	
300	2967	
1300	2966	
700	2965	
1300	2964	
300	2963	
300	2962	
1400	2961	
300	2960	
300	2959	
5700	2955	
	2951	6100
	2950	2800
	2949	9800
	2948	800
	2947	1300
	2946	9200
	2945	5000
	2944	400
	2943	13000
	2942	3700
	UNDER	214700

現値　2954

後場中に世界初の
オール酸化物全固体
ナトリウムイオン二次
電池を開発したと発表。
出来高がはね上がった

鬼100則 65

ストップ高での買い気配の板の変動を見る

「ストップ高」は、個人投資家ならば、誰もが注目する動きだ。

値幅いっぱいの値上がりをしたのだから、その人気株をゲットして、自分は次の日の値幅いっぱいの利益を得ようとする考えがあるからである。

この考えから、ストップ高銘柄は毎日、話題になり、そこに投資家が群がる。

ストップ高になる銘柄の特徴は、驚異的な業績、大型の業務提携、新しい分野への投資、株式分割などさまざまある。

これらの材料には投資家の買いが集まりやすい。

大型の銘柄では、特定の分野で驚異の業績を収めたにせよ、事業の一部に過ぎず、会社全体の業績としては軽微、という面があるので、大した動きはない。

しかし、**ベンチャーとか、専業の企業は材料により業績へのインパクトが大きい**ので、株価の変動率も大きくなる。

そのために、個人投資家などから買いが集まる。

ストップ高になる。

その板を見て「**我先の買い**」が集まる。

さらに、絶対に買いたいと考える人たちは、「比例配分」というストップ高での購入の可能性を大きくするために、多めに、希望の何倍もの株数の注文を出す。

ストップ高という板が、買い注文を膨らませる。

板の「駆け込み」需要の傾向の１つである。

ある日の【4582 シンバイオ製薬】

53400	成行	3500900
売	気配値	買
--	OVER	
	--	
	--	
	--	
	--	
418700	1047	
	1047	特3683400
	1046	300
	1045	400
	1044	1400
	1043	100
	UNDER	384000

前日夕方に
黒字転換の
四半期決算発表。
買いが集まった

鬼100則 66

ストップ安での売り気配の板の様相を見る

逆に業績悪化、薬の治験失敗、不良品多発など、マイナスのニュースが出ると、我先の「売り急ぎ」が出てくる。

ストップ高の逆である。

株価は恐怖と歓喜の中で動く傾向がある。

良い材料があれば、「買わなければ」と思い、我先の買いが集まるが、悪い材料には「売らなければ」「逃げないと」という心理が働き、板は「売り一色」となる。

このタイミングでは、信用の売り建てでの差益狙いも加わるので、売りが売りを呼んで買いに対して圧倒的な売りが出てきて、「ストップ安何連ちゃん」というような動きになる。

この板の状況では、買いが少ないので、本当に損を出しても逃げたい人が売りを出しても売買が成立しないし、成立しても、株数が少ないので、あれよあれよと損が膨らむ。

株式投資では、ストップ安に遭遇した時の対応が重要で、負けないための鉄則である。

売りがどんどん湧いてきて、ストップ安になりそうな時は、問答無用での「成り行きの売り」を出して**逃げる決断**が大切である。

ある日の【3936 グローバルウェイ】

190000	成行	12100
売	気配値	買
478500	OVER	
700	1550	
1400	1548	
200	1543	
特 258200	1541	
	1541	75000
	--	
	--	
	--	
	--	
	UNDER	--

現値　→　1541

**急落時は
逃げるが勝ち。
こうなる前に
成り行きで
売り抜ける**

1カ月弱で
800円→4000円
の上昇の後
10日で1500円
まで下落

売りを仕掛けた時の「ストップ高」への対応は

信用取引では、現物と違って、買って上がったら売るという差益取りの他に、「売り建て」の手法が使える。

株価がそろそろ天井かと考えた時に、高いと考える株価に「信用の空売り」を仕掛けて、予想の通りに下げてきた頃合いに、ある程度の値幅、すなわち、下落幅を取って買い戻しを行い、利益確定するものだ。

これは信用取引ならではのうまみである。

個人でもできるが、大口のファンドや証券会社がよくやる手である。

信用取引ではこのような「売り建て」でも利益が出るので、上がっても、下がっても、変動さえあれば株式投資で儲かる。

しかし、株価は必ずしも予想の通りには動かないことが多い。

ストップ高の後には、ストップ安がくるのが小型株・新興の銘柄の特徴だが、そのストップ安を狙い、値幅取りの売り建てを行ったら、下げと見せかけて、株価は逆に上に持ち上げられるということは結構ある。

信用の買いは、読みを間違えても、損切りで終わる。もちろん手痛いが、持ち株の価値がゼロになっても、損はその範囲内である。

ところが、売り建ての時は、１０００円で売ったものが２０００円、３０００円と買い戻せないままにストップ高を続けられると、１０００円を捨てるというわけにもいかず、３０００円で買い戻す事態にもなる。

買いは１０００円を捨てれば良いが、売りは２０００円を捨てる。下手をすれば、５０００円、１万円を捨てることになる。

手持ち資金の3倍などで勝負に出ていれば、目も当てられない。

なので、「買いは家を失い、売りは命を失う」と、昔から言われる。

信用の売りを行う人は、板の様相、歩み値の勢いから目を離すことはできない。

信用取引をして「板を見ない」「わからない」というのは、自殺行為である。

鬼100則 68

ストップ高のさまざまな形に対応する

ストップ高とは言っても、さまざまな形がある。

いきなり、大量の買いが入り、寄り前からストップ高のまま、大引けを迎えるもの。

次第に買いが増えてきて、最終的にストップ高となる銘柄。

さらに、ストップ高しそうにないが、大引けにストップ高するもの、等々。

ただし、「寄り前からストップ高」の板でも、いざ、取引が始まってみると、「特別買気配」で始まるものの、ストップ高どころか、わずかな値上がりで寄り付くということもある。

これは、よく見ていないと、陽動作戦であることがわからない。

寄り前から巨額の買いを見せておいて、買いが集まったところに、売りを出して利益確定する作為的な板である。

この手の銘柄は業績や何かの材料に反応したもので、一日で材料を織り込んでしまう形になる。

この手の板には乗せられないようにしなければならない。

最初からストップ高張り付きの板は、材料が大きく、買いが圧倒的なので、しばらく、高値が続くと見られる。

これに対して、いきなりのストップ高ではなく、次第に買いが増えてきて、最終的にストップ高になるものは、個人投資家でも手掛けやすく、次第高になる傾向がある。

ストップ高もさまざまで、付和雷同の相乗りには気をつけないと「はしごを外される」ということになりかねない。

ある日の【2385 総医研ホールディングス】

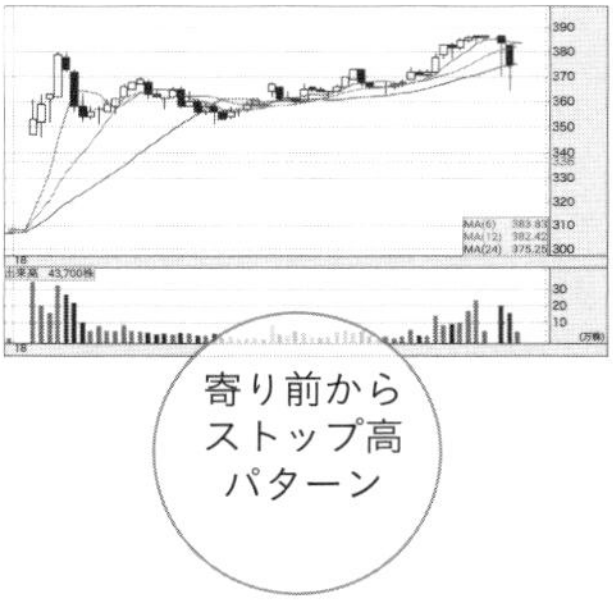

ある日の【2479 ジェイテック】

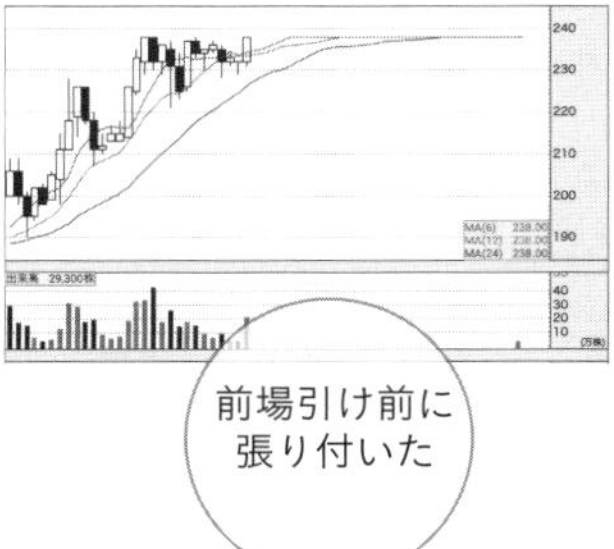

ある日の【3691 リアルワールド】

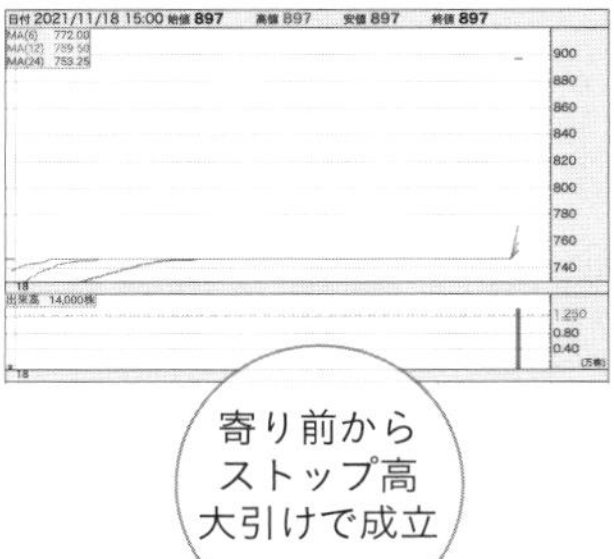

「株探」 https://kabutan.jp

ストップ高も剥がれることに注意

ストップ高になる銘柄がすべて、高値を目指すとは限らない。

意図的に買い上がり、相乗りをしてくる玉で利益確定して、結果的に、終値が弱くなるとか、逆に急落して、ストップ安になるとんでもない板もある。

これは材料の高過ぎる評価、さらには、外部環境の悪化で全体的な下げに抗しきれずに売りに押されてしまったということもある。

いきなりのストップ高ではなく、ある程度の利益確定を飲み込んで上げていき、最終的にストップ高に駆け上がる銘柄の方が、比較的息の長い相場になる可能性がある。

個人投資家はストップ高に飛びつく傾向があるが、その次の展開は誰にもわからないので、老婆心から言えば、避けた方が賢明だ。

もし翌日もストップ高になったならば、運が良かっただけ。高値で逃げると心得よう。

さらに、その先にストップ高になることは、確率から言えば限りなく低いのだから。

ある日の【4837 シダックス】５分足と板

「株探」https://kabutan.jp

売	気配値	買
287400	OVER	
100	566	
1200	565	
100	564	
1300	562	
	560	7500
	559	4300
	558	5500
	557	2800
	UNDER	91200

現値　↑562

厚い売り板が上昇を阻み膠着状態

ストップ高に遅れて飛び乗るのは愚の骨頂

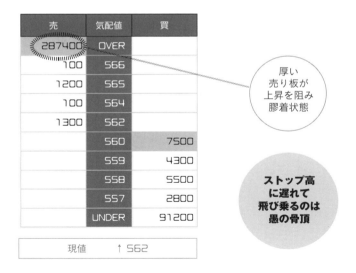

70

ストップ高のなれの果ては、ストップ安10連ちゃん

個人投資家は「ストップ高」が好きである。

なぜなら「10倍株」を目指している人が多いので、ストップ高が始まると、「これは10倍株か」といち早く連想が働くからである。

しかしそれは、ほぼ妄想である。

10倍株のチャートを見ればわかるように、真の10倍株は、業績の上方修正、人気銘柄の波に乗り、テーマ株に発展して、全員相場になった結果であることが多い。

もちろんストップ高で10倍株になるケースはゼロではない。

しかし、そのような銘柄は「材料の過大評価」の結果であることが多い。

であれば、過大評価に投資家が気が付いた時や、材料が失敗に終わった時に落胆から売りが殺到して、買い手不在のまま、ストップ安になる可能性が大きい。

この手の銘柄に参加すると、「売りたくても売れない」事態になり、「手持ちの株価が10分の１になってしまった」と泣き寝入りするしかないこともある。

株式投資は「ハイリスク・ハイリターン」である。大きく化ける可能性のある銘柄は、大きくしぼむ可能性もある。

この傾向をつかんで投資をしないと、元金を大きく失うこともあり得る。

群集心理のように集まる買いは、次の瞬間、売りの殺到の傾向になる可能性が高い。

大きく化ける銘柄は大きくしぼむ。

その傾向を心得て、大きく負けないようにしたい。

【4592 サンバイオ】の過去の日足チャート

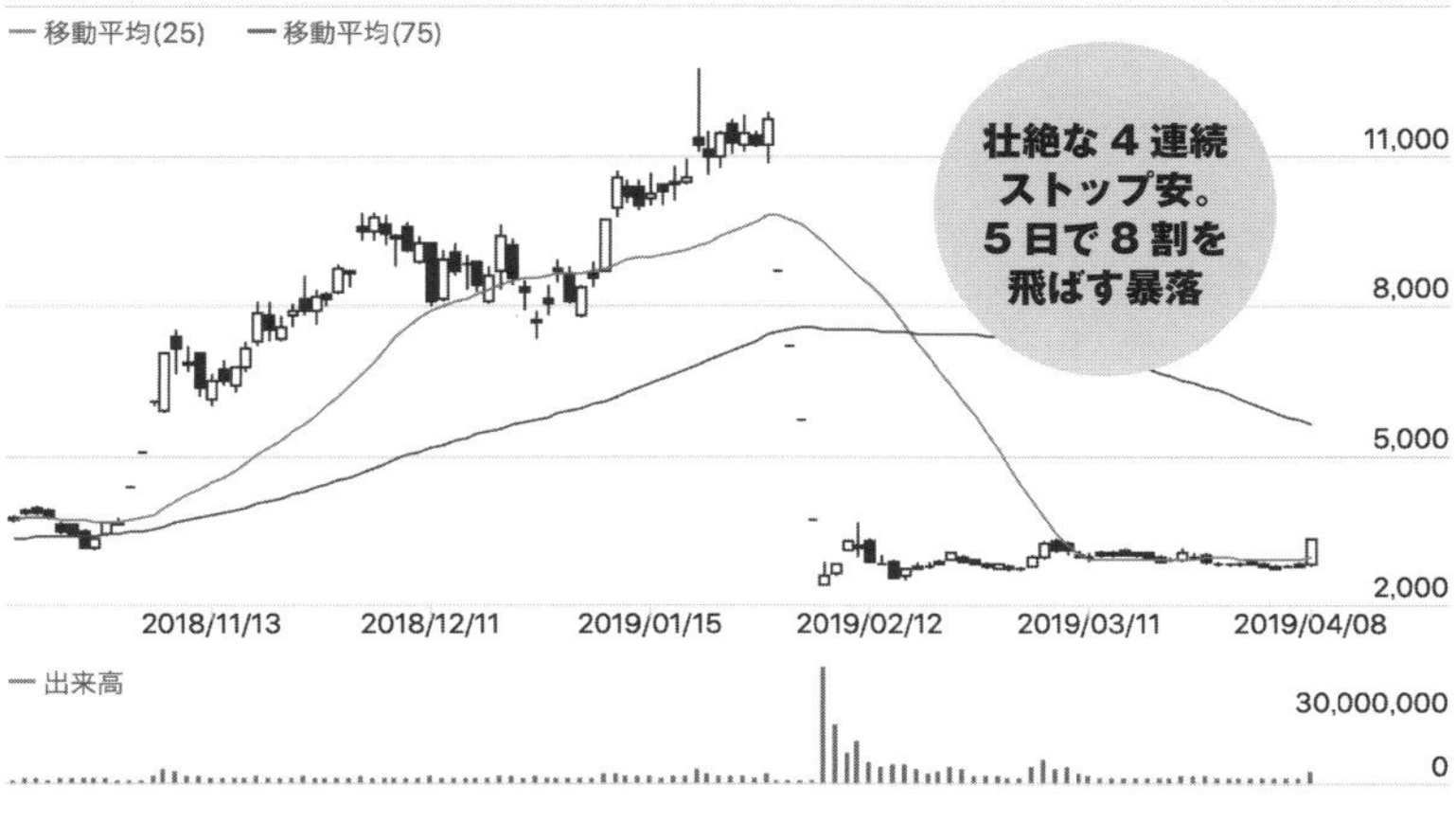

「株探」https://kabutan.jp

第8章

大口大量参加の板はこう読め

権力の奴隷になるな。

出光佐三

株屋といふものは大体十回売って一回買えば宜し、唯その一回の買いを何時どこで敢行するかが、難しい点である。

野村徳七

鬼100則 71

明らかに大口が入る銘柄の特徴

機関投資家も、年金も、銀行も個人も儲かる銘柄は往々にして、業績の驚異的な好調銘柄である。

いわゆる「**全員参加型**」と言われるもの。

その特徴は、

・事業環境に風が吹いている
・業績が圧倒的に良い
・PER、PBR、配当が良い

というような、非のうちどころがないものである。

機関投資家の好みの銘柄と言える。

年金資金や投資信託の投資には、ある一定の縛りがあり、無配、赤字の銘柄には参加しない。

それでも参加するのは、アルゴリズムを活用した「超短期売買」である。

証券会社のディーラーはこの手を好む傾向がある。

全員参加型の好材料満載の銘柄には、内外の機関投資家の買いが集まる。

当然、個人投資家の相乗りも期待できる。

そのために、ＰＥＲのデータが、超割安（2倍から5倍）のうちは逃げることは少ない。

平均的な10倍以上になれば、利益確定に動くことはある。その典型が、執筆時に動いた日本郵船、商船三井などの船株である。

このような銘柄には、適度な利益確定があるが、更なる上値を狙う板の動きが明確になりやすい。

買いにふさわしいタイミングは、ある程度上がった後、利益確定があり、そして売りが収まってきた頃合いである。

鬼100則 72

大口の買い集めでは下値と成り行きの双方で買いにくる

大口が好んで入る銘柄の特徴を述べたが、だからと言ってやみくもに「高値を買い漁る」わけではない。

もちろん、大勢の大口が買いたい理想的な銘柄、タイミングでは、のんびりしていると買えないので、多少の上値を買ってくる。

最近で言えば、半導体製造装置のレーザーテック、アドバンテスト、自動車株のトヨタ、鉄鋼の日本製鉄、海運の日本郵船などが、全員参加型の銘柄となった。

この手の板は、**下値（UNDER）で圧倒的に多くの買い注文**が這わされるので、先高観のある時は上値を買うしかない。

さらに成り行きの買いで売り玉を飲み込む方法で、売りに対して「買い」を当ててくる。

その時点の板は、「歩み値」を注視しているとわかるが、通常ではありえない3万株、5万株が売買成立してくる。

明らかに「先高感」からの買いであり、このタイミングで個人投資家が相乗りしても、大したリスクはない。

その通りに、５０００株、８０００株の買いに交じって、１００株の売買成立が続く。実にほほえましい個人投資家の相乗りである。

そう、大口が勢いよく買い上がる板に、相乗りするのは賢明な作戦だ。

大口の動きに乗って、勢いのある時に買い、利益が出たら売る。

この繰り返しで失敗の可能性が少なくなる。

成り行きの売買は
板に現れないので
歩み値で確認する

	成行	
売	気配値	買
46500	OVER	
1300	1610	
1200	1609	
2800	1608	
	1607	15200
	1606	13200
	1605	6800
	UNDER	902200

現値	↑	1608

圧倒的に
多くの買い注文
が入る

鬼100則 73

大口が入った証拠は100株に混ざる5000株、1万株

大口が入っているかどうかは、歩み値を見ればわかる。

通常は100株、200株、400株というような板の集まりで、売りと買いのバランスが取れている。

そこに、いきなり、5000株、1万株、2万3000株というような「異変」が歩み値に現れる。

これまで、さしたる人気もなかったのに、いきなり出来高が増えて、株価が急騰する。

これは明らかに「材料含み」と考えて間違いない。

すでにニュースになっていれば「なるほど、この材料が評価されている」とわかるのだが、何も表に出ていないのに、売買が激しくなり、大きな単位の売買が上値を追って成立するようなタイミングは、とりあえずは、100株、300株を買って、しかる後にリサーチをすればよい。

それなりの大きな材料に気付いたら、株価の押し目を買い増せば良い。間違っても、大口が上値をガンガン買っている時の相乗りはしないことだ。これをやると仕込んだ株価の水準が高くなる。

大口が入っても、その後には適度な押し目が必ずある。目先の利益確定があるからだ。

大口は、小幅でも利益確定を入れる。

ロットを多くして買い、ロットでの利益確定をしてくる大口、投資家も多いので、必ず押し目がある。

急激な成り行きの売りで、急落した時。そこが仕込みのタイミングである。

トレンドが勢いよく上げており、出来高があるうちは買いで間違いはない。

相場に勢いがある時に、ひと勝負する俊敏さが必要なのだ。

ある日の【8411　みずほフィナンシャルグループ】
の歩み値

時刻	歩み値	約出来
11:29	1545.0	100
11:29	1545.0	100
11:29	1545.0	100
11:29	1545.5	100
11:29	1545.5	200
11:28	1545.5	100
11:28	1544.5	7400
11:28	1545.0	17600
11:28	1545.5	400

大きな注文！
年金基金や
機関投資家の
大口によるもの
と推測できる

鬼100則 74

株価を落として拾う動きがある

人気の銘柄になると、「できるだけ有利に買いたい」という意識が投資家の誰にも働く。

大口は、露骨に動く。

それに対して、個人投資家は、「この株価なら買っても良い」という目安を持ち、下値で指値するのが良いだろう。

いかなる人気の銘柄でも売りと買いの考え方、相場観がいろいろなので、まとまった買いもあれば、まとまった売りも出る。

まとまった売りが出た時は、一瞬、株価は急に下がる。

ローソク足であれば、陰線が出る。

実はここが「買い時」である。

上昇時の大きな玉の売りは、強烈な上げの時でも、必ずある。

その確率は大きい。

買うタイミングは１００パーセントあると言っていい。

さしたる押し目もなく、ぐんぐん上げていく銘柄もあるが、それは浮動株の少ない小型株が主である。

小型株、新興の銘柄は往々にして、買いが買いを呼んでたちまち、ストップ高になる。

しかし、大型の優良銘柄、好業績銘柄は、株数も多いので簡単にはストップ高にはならない。

その振れ幅を利用して、コンピュータでのプログラミング売買（アルゴリズム）が行われる。

個人がこの手の銘柄に賢く入るには、大口が利益確定で押したタイミングしかない。

絶対に、吹いたタイミング、すなわち、高値には飛びつかないことである。

高値に飛びつくと、それよりも上の株価をつかんでくれるカモをただ心待ちにすることになるが、その確率は極めて低いのだ。

鬼100則 75

にわか人気への飛び乗りで失敗するな

「買った後に下がる」。

このセリフは、初心者の投資家、勝てない投資家からよく聞く。

なぜ、こうなるかと言えば、「上がってきたと認識してから買う」という悪癖があるからだ。

板が忙しくなり、絶好調の時に乗る。

その先は売り一色になる可能性があることを知っておかなければならない。


「人の行く裏に道あり花の山」

このような格言があるように、上がる銘柄は初動で仕込むこと。

または、動いてからの急な押し目のタイミングである。

皆が知ってからしばらくしての行動は極めて不利なのだ。

仕手株でも、材料株でも、あるテーマ銘柄は、皆が気が付かない時点で仕込んでいる。

たとえば、今後、動き出すであろうドローンの宅配関連は22年のテーマ銘柄であるが、この本が出てまもなくの時点で上がる可能性がある。

人気化するテーマは、事前につかんでおき、いつ動くかに注目して、出来高が増え、株価が上がりだした初動で察知するアンテナが大切である。


いかに素早く人気銘柄、テーマ銘柄の上げはじめをつかむかが、勝利のキーポイントである。


事前に予想して、わずかな変化に気が付く。

これが利幅を取れる投資家のスタイルである。

明らかに動きだしてから乗るスタイルは、いわゆる「カモ」になるので、用心しなければならない。

「買いたい強気」というのは、往々にして相当遅いタイミングで発動されるものなのだから。

鬼100則 76

初動で乗って、早く逃げよ

売買代金ランキング、出来高ランキングというのは、ある程度慣れてきた投資家ならば、必ず注目するデータである。

上げの初動は、このランキングに突然、顔を出してくるので、隠しようがない。

誰でも、見られるデータである。

出来高の急増、値上がりの大きさは、買いを呼びこむ。

投資家は皆、人気化の動きには乗りたいわけだから、データで明らかになってしばらくは、多くの買いが集まる。

売りよりも買いの方が多くなり、上げていくので、さらに買いが集まる。

この初動の人気化のうちに仕込まないと、利益確定の可能性をつかめない。

早く乗って、早めに逃げる。

これが勝つための投資のスタイルの基本である。

道の信号でたとえれば、信号が青になって、それを確認し、皆が渡り始めたら即、後に続き、皆が渡る前に渡り切る。

こういうことである。

多少遅く乗っても、早めに利益確定を行えば、「高値をつかまされる」ということはない。

遅く乗ったのに、遅く利益確定のタイミングを狙えば、板が静かになり、閑散となってから「売らなければ」と気が付く。

その時点では、売りが殺到し、板は売り一色となるので、含み益は消え、含み損となる。

用心したい。

出来高が増え、板がにぎわってきた時は「逃げるタイミング」を決断する時である。

ある日の【1914 日本基礎技術】

時刻	歩み値	約出来
13:36	523	1200
13:36	523	100
13:36	524	700
13:34	524	100
13:33	525	1000
13:33	526	2000
13:33	526	800
13:33	527	800

	成行	
売	気配値	買
68300	OVER	
900	526	
300	525	
100	524	
	522	600
	521	3800
	520	2700
	519	3600
	UNDER	52900

現値　→523

後場に
自社株買いの
ニュースで
突然人気化

鬼100則 77

出来高の帯も記憶しよう

株価には多く売買された価格帯というのがある。

これは直近だけではなく、過去の価格帯であっても、何年も前のデータを調べておく必要がある。

上場来高値、人気化した過去の価格帯。

ネットの検索でも、それぞれの銘柄の価格別の出来高はわかる。

このタイミングには塩漬け銘柄の投資家が売却の準備をしている可能性があるので、株価は重くなる。

最近の売買の動きや板だけではなく、前に高値づかみをした人の存在を意識すること。

そのタイミングを調べておけば、過去の高値のタイミングで、板に多くの売りが出てくることを予測できる。

その「売りの多い価格帯」が現れたら、それよりも**少し下の株価で売却し、利益確定**する決断が大切である。

　にもかかわらず、裏付けのない希望で待ち構えると、大体は失敗に終わる。

　大きく儲けたい気持ちはわかるが、それをやっていれば、利益確定の可能性が下がる。

　皆が売りたい株価の少し下で逃げる。

　この行動が大切なトレードの基本である。

　自分だけの計画優先で、相手の行動が読めないようでは勝つ確率が著しく下がってしまう。

ある日の【1914 日本基礎技術】の５分足

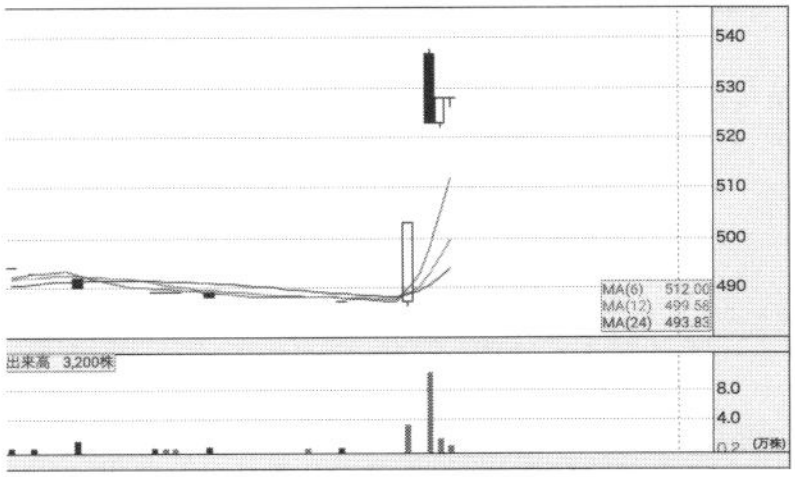

「吹き上がった」と心躍らせるだけでなく過去の価格帯もチェック

【1914 日本基礎技術】の日足

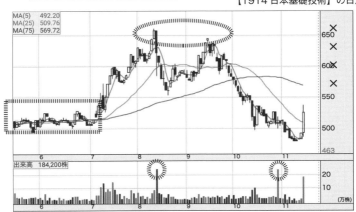

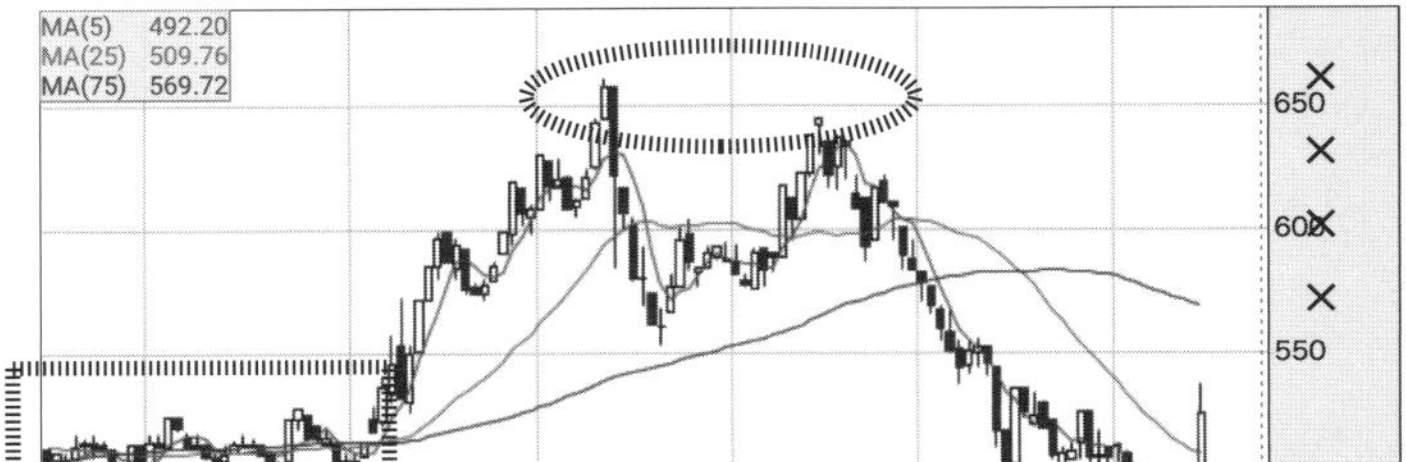

「株探」https://kabutan.jp

第9章

板の呼吸を感じる

変化に適応できない人は、
変化に吹き飛ばされるだろう。
変化を認識し反応する人は、利益を得るだろう。

ジム・ロジャーズ

「勝つ意欲」はたいして重要ではない。
そんなものは誰もが持ち合わせている。
重要なのは、勝つために準備する意欲である。

ボビー・ナイト

鬼100則 78

人気銘柄の板は呼吸する

人気集中の銘柄の板と、不人気の銘柄の板とでは明らかな差がある。

それは**頻繁に呼吸しているかどうか**だ。

不人気の板は、時折しか呼吸しない。もどかしくなる。

しかし、人気の銘柄には、売り買いともに多くの枚数が集まるので、1秒間に何回も出来高がある。

株価も押しては引きの繰り返し。

上げていくとみるや、どんと下がる。

しかし、よく見ていると、方向がある。

上にじりじりと上がる動きならば、高値を追う動きになる。

そこに、買いが集まる。

しかし、ある程度上がると、どんと売りが出てくる。

多くの枚数をこなしながら、多くの投資家がそれぞれの思惑でもって、板を睨めながら売買を繰り返す。

そこで誰が勝つのか。

どの株価が有利で、どの株価は不利なのか。

板の様相が、取引の勝敗を決める。

板をしっかり読むことが勝ちにつながる。

呼吸する板の方向を読むことが大切である。

ある日の【6920 レーザーテック】の板

寄り付きから
1400 円以上
上げてきて
30000 円の大台
を前に攻防

時刻	歩み値	約出来
14:29	29960.0	300
14:29	29960.0	100
14:29	29960.0	2100
14:29	29960.0	100
14:29	**29960.0**	300
14:28	29955.0	200
14:28	29955.0	100
14:28	29955.0	200

多数の
個人投資家と
大口の注文が
1 分間に何十も
成立する

売	気配値	買
255600	OVER	
3700	29970	
1500	29965	
2600	29960	
800	29955	
	29950	600
	29945	900
	29940	1000
	29935	1800
	UNDER	314100

現値　↑ 29950

鬼100則 79

引いては押し寄せ、押しては引く

大型でも、小型でも、いきなりのストップ高という偏ったバランス以外は、株価は売りと買いがぶつかり合い、その力関係や人気度で、上に行くのか、下に行くのか、せめぎ合いになる。

そのせめぎ合いの板の様相を見て、売買の判断を決める人が多くいる。

板が、板を決めるのだ。

この銘柄はこうなるはずだと決めつけず、板のバランスを見て決断する。

これが一般的なトレードの技法であり、トレーダーのやり方である。

ただ、押し引きの動きの中でも、株価には1つの方向が出てくるので、そこに売買が集まる。上方に向かう板、下値に向かう板である。

強い板であれば、買いが集まる。弱い板であれば、売りや逃げが多くなる。

板は、投資家の考え方を微妙に誘導するのだ。

売	成行 気配値	買
98900	OVER	
3500	1132	
1100	1131	
1900	1130	
	1129	12600
	1128	9200
	1127	8200
	UNDER	170700

現値　↑　1130

買い板が
厚く
魅力的に見える

売	成行 気配値	買
38900	OVER	
5200	1262	
1900	1261	
6100	1260	
	1259	25400
	1158	34200
	1157	19200
	UNDER	972100

現値　↑　1260

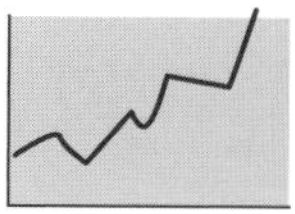

さらに買いが
集まり
株価が上がる

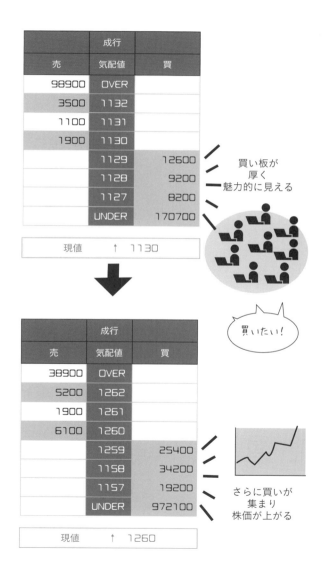

鬼100則 80

板のリズムを知ろう

すでに述べたが、板には指値と成り行きの注文がある。

板に現れているのは、あくまでも指値である。

板を一見すれば、買いの方が厚いのか、売りの方が厚いのか、大体はわかる。

しかし、指値だけで板が動いているわけではないことに注意が必要である。

株価の動きによって、参加者は有利と考える株価に枚数を決めて成り行きの買いや売りをぶつけてくる。

今まであった売りが一気に飲み込まれる。

あるいは、今まであった買いが消えてなくなる。

これは成り行きの仕業と言える。

そのリズムが投資家たちの考え方、投資作戦に影響する。

また、アルゴリズムのプログラミングに影響し、株価の方向を決める。

一瞬、一瞬の動きで、その先の株価の方向や力関係が変わってくる。
理屈でも何でもなく、目の前の動きが唯一真実であり、正しいデータである。
それを見て、対応するしかないのだ。

	成行	
売	気配値	買
38900	OVER	
5200	1262	
1900	1261	
6100	1260	
	1259	1400
	1158	4200
	1157	9200
	UNDER	42100

現値	↑	1260

売買が
拮抗している
ように
見えるが

株価が
なぜか
切り上がる
のは

見えない

	成行	
売	気配値	買
36900	OVER	
2200	1265	
1100	1264	
3100	1263	
	1262	2400
	1261	1200
	1260	2300
	UNDER	35800

現値	↑	1263

「成り行きの
買い」が
多く出て
売りを飲み
込んでいるから

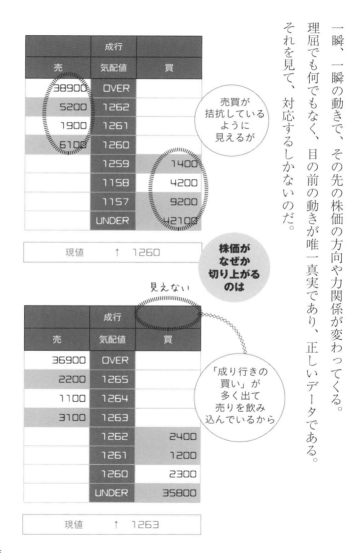

鬼100則 81

弱くなる板の特徴は

板には「弱い」「強い」がある。

それを判断して、行動しなければならない。

弱い板の特徴は寄り付き前から、前日比で下に乖離して、気配値が出る。

それを見て買いに入る注文もあるが、弱いというのは、相場環境が悪く、その銘柄の人気度がないということなので、株価が下がっても、その株価に魅力を感じての買いは入って来ない。

そのために、じり安になる傾向がある。

板が弱い。その銘柄を今保有しているならば、とりあえず利益確定しておこう。同じく、利確しよう損切りしてしまおうという動きが出るので、売りが売りを呼ぶ傾向がある。

弱い板は株価が妥当なところまで下がる。売りが途絶えるまでは下がる可能性がある。

売りがある程度出て、途切れるとそれ以上は売りが出なくなるので、下値が固まる。

信用の売り建てを行う場合には、その板を見て、下げ止まるまでは売りの玉を保持すること。

買いを考える人は、売りが途切れて反発に向かうタイミングを狙い、悪材料出尽くしを見てから「下値買い」の行動を起こすといいだろう。

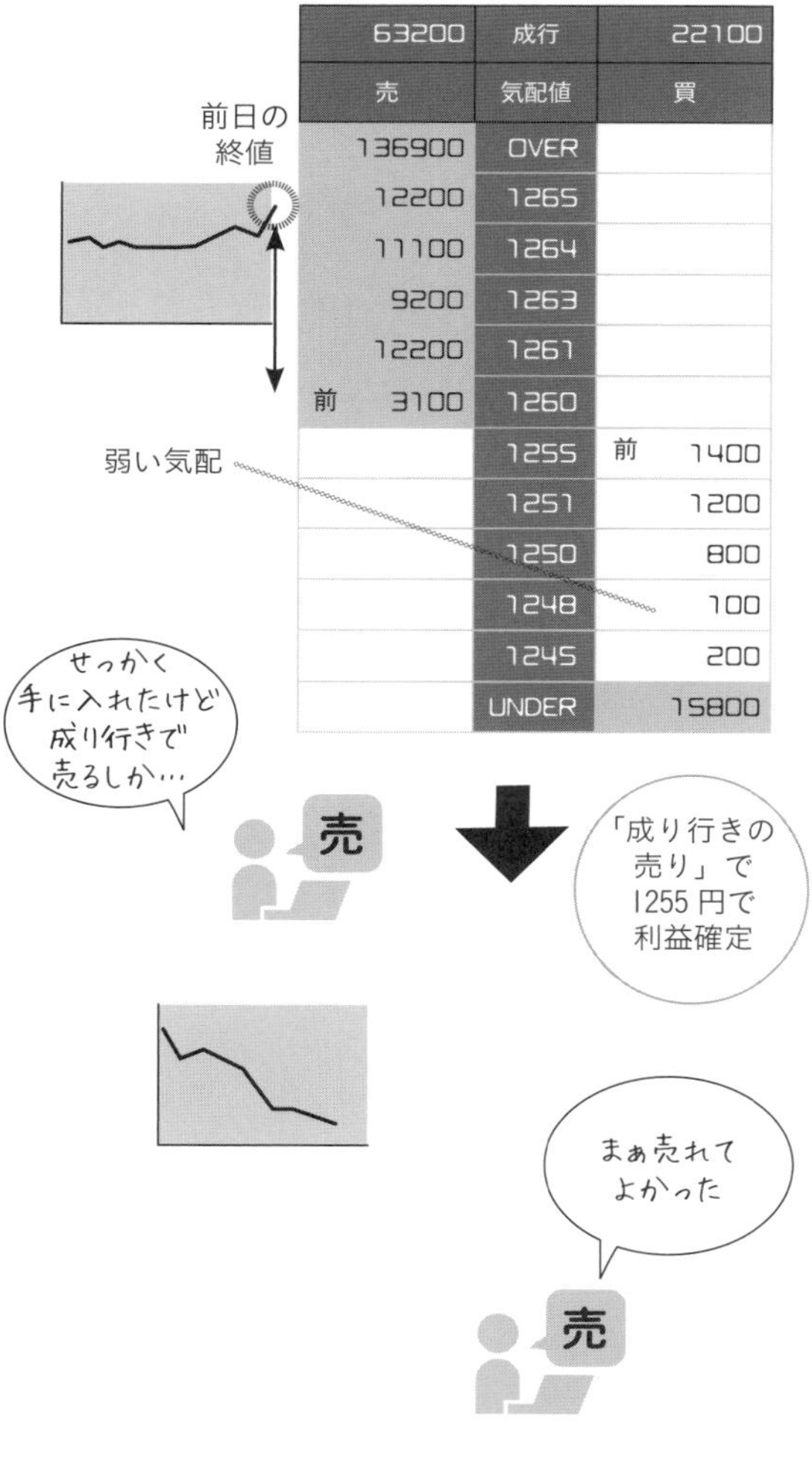
前日の終値
弱い気配
せっかく手に入れたけど成り行きで売るしか…
売
「成り行きの売り」で1255円で利益確定
まぁ売れてよかった
売

63200	成行	22100
売	気配値	買
136900	OVER	
12200	1265	
11100	1264	
9200	1263	
12200	1261	
前　3100	1260	
	1255	前　1400
	1251	1200
	1250	800
	1248	100
	1245	200
	UNDER	15800

鬼100則 82

勢いづく板の動きは

勢いが出てきた銘柄の板は、強い材料や相場環境の良さで、買い注文が多くなる。

その動きを見て、つられて買いが湧いてくるので、さらに強い板になる。

株価はぐんぐん上がる傾向がある。

すでに述べた、UNDERとOVERのバランスでも、UNDERに大きな枚数が提示されるので、買い方は強気になり、強気が強気を呼ぶ好循環となる。


この傾向の始まりの株価では、相乗り（株を買うこと）をするのに問題は少ない。

早い段階で入ることにより、利幅が増える傾向がある。

しかし、強い時の板も、無限に上げるわけではなく、ある程度の株価には売りが待ち構えていることに注意しなければならない。

用心しなければならないのは、上げていく勢いで強気になって、飛び乗ることである。

その位置が当面の高値になり、買った後には売りが出てきて、含み損が膨らんでいくことになるだろう。

いかに、板が強くても、どこかで売りが出てくるので、上げの勢いに安易に乗らないことである。

勢いづく
板の状態

売	気配値	買
136900	OVER	
3800	1265	
2900	1264	
1900	1263	
4600	1261	
5200	1260	
	1258	8000
	1257	8300
	1256	10200
	1255	11400
	1254	15600
	UNDER	315800

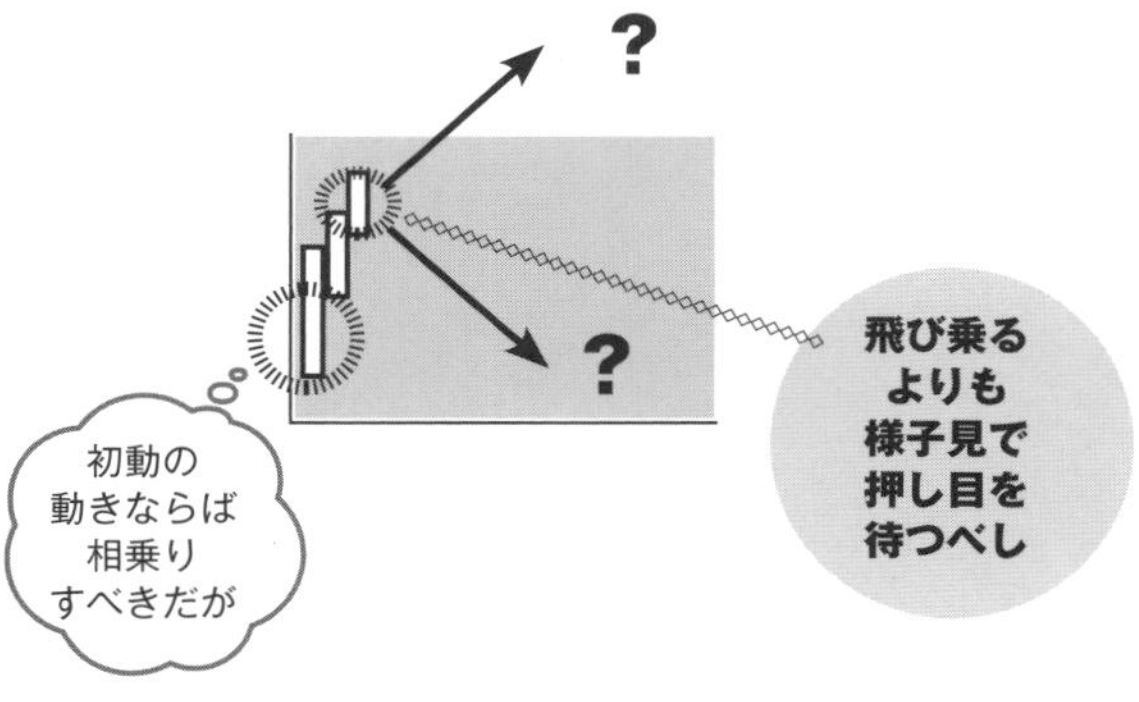
?
?
初動の
動きならば
相乗り
すべきだが
飛び乗る
よりも
様子見で
押し目を
待つべし

鬼100則 83

静かな板が騒がしくなった時

板を読む時は、歩み値の売買成立の動きに注目したい。

売買の頻度がさして多くない時は人気化していない。売られている時である。

ところが、静かな板がにわかにチカチカし始めた時が用心である。

下値での妥当な買いのタイミングを意識した買いが入ってきた。

枚数も多い。

これに対して、これまで様子を見ていた人が反応して、買いに回る。

その株価で売りを出す。

そのにぎやかになってきた板に注目して売買が盛んになる。

もちろん、にぎやかになるのは、株価の位置にも関係するが、意外性のある材料が出てきたタイミングで板は騒がしくなってくる。

特に、全体相場が低迷している最中に強さが目立つ板の動きが出てきた時は、その銘柄に強気の考えの人が多い証拠なので、追随の買いを入れるか、様子を見るか、大切な判断のしどころである。

材料が発表される前に動き出す銘柄もあるが、大体は、ニュースに反応する。

板は、ニュースに敏感に反応するものである。

その裏には、ニュースで売買の判断をした個人、法人の投資行動がある。

突然
騒がしく
なった板

売	気配値	買
5900	OVER	

	1259	特　8000
	1258	8300
	1257	10200
	1256	11400
	1255	15600
	UNDER	315800

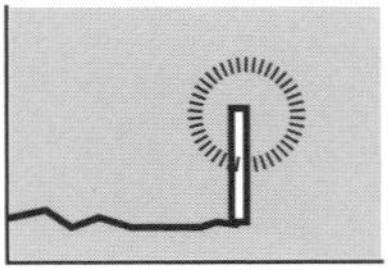

**どんな
ニュースで
上がったのか
チェックして
追随するか
判断**

第10章

売り時、買い時の板とチャート

平凡なことを毎日平凡な気持ちで実行することが、
すなわち非凡なのである。

アンドレ・ジッド

「自分の意見が正しいという根拠は？」
その視点のシフトはまるで今まで一次元だったものが
複数次元で見えるようになるようなものだ。

レイ・ダリオ

鬼100則 84

板とチャートの相関関係は

板の読み方、感じ方について解説してきたが、売買の判断でより的確に行動するには、板の動きをリアル化した、ローソク足の動きを同時に見ることを勧める。

ローソク足は、1分足、3分足、5分足、10分足などがある。

板は実に細かで、売買の枚数や買い圧力、売り圧力、株価の勢いの変化がリアルタイムでわかる。

それで相場の蠢動《しゅんどう》が直に感じられるのだが、残念なことに、大概の人間は数値だけを見ていると、「何が何だかわからなくなる」。

能力に限界があるのだ。

それをビジュアルに補完してくれるのが、ローソク足だ。

なので、板、歩み値、ローソク足を同時に視野に入れて、確率良く、相場の上下、株価の方向を読んでいきたい。

「おれは板優先だ」「断然チャートだ」というような強がりは不毛であり、何のメリットもない。

　株式投資では、役に立ちそうなデータや手段は、何でも活用して売買の実行の確率を高めることが重要である。

　ただ、ＲＳＩとか、一目均衡表などは、中長期の見方には活用されているが、必ずしもその通りになるとは限らず、何かのニュース、リスクでいくらでも変動する。

　いち早く、相場の流れを察知するのは、板であり、5分足などの変化である。

　これが時々刻々と変化する今の株式市場には合っているのだ。


チャート・板・歩み値の３つを見て判断する

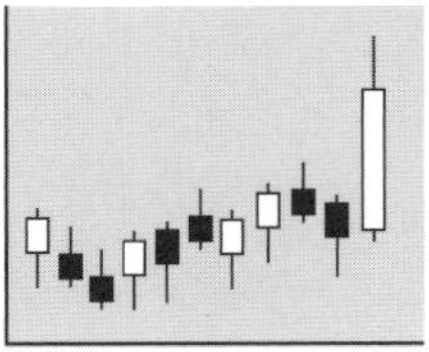

見た目で
株価の動きを
つかめる

売	成行 気配値	買
46500	OVER	
1300	1610	
1200	1609	
2800	1608	
	1607	15200
	1606	13200
	1605	1800
	UNDER	102200

現値　↑　1608

まとまって
どこに注文が
入っているか
見ることが
できる

時刻	歩み値	約出来
11:01	805.1	200
11:01	805.2	1000
11:01	805.1	400
11:01	805.1	100
11:01	805.2	600
11:01	805.1	600
11:01	805.0	1300
11:01	805.0	500

１つ１つの
リアルな注文
成立の様子を
見ることが
できる

鬼100則 85

陽線が出た時の板の変化は

ここでは、板と並行して参考にする短期のローソク足を「5分足」に限定して見る。

朝9時ちょうどの売買の株価は、その日の寄り付きであり、その株価はローソク足の起点になる。

そこから上に行けば「陽線」となる。

ローソク足で強い陽線になるのは、朝から買いが強いか、売りが多くても、その後に反発する時だ。

朝から一貫して強いのは、全体相場にもよるが、個別の強い材料があった時である。

買いたいという人が多いために、多少の売り、利益確定が出てきても、さらに、その上の株価を取ってくる。

執筆時現在で言えば、最も強い株価の銘柄群は、船株（その後弱いが）である。

新型コロナが一服した欧米で荷動きが凄まじく、併せて、バルチック海運指数が高値更新しているので、海運会社の業績は当面良い。コンテナ船が満杯で船着き場に待たされているからだ。何しろ、配当利回りが8％以上。この低金利の中でありえない数値である。

また、ＰＥＲ（株価収益率）が大型の平均は13倍から15倍だが、なんと2倍～3倍である。

それで人気化している（大きく上がれば売りが出るが）わけで、この銘柄のチャートには日足でも、5分足でも陽線が多くなる。

始値よりも終値が高い理想的な形になる。

板にも、当然、買いが強い傾向が見られる。

そこで、この手の人気銘柄、動いている銘柄は、利益確定で押したタイミングで入りたい。弱くなるタイミングは必ずあるので、入りたいところである。

利益確定で押したタイミングの下値で買う

売	気配値	買
46500	OVER	
1300	1610	
1200	1609	
2800	1608	
	1607	15200
	1606	13200
	1605	1800
	UNDER	102200

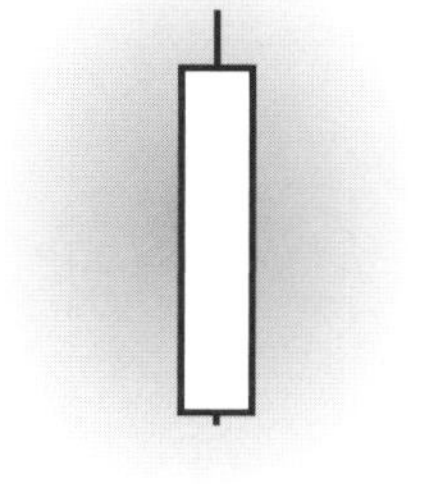

鬼100則 86

陰線になってきた時の板は

株価はいかなる材料株でも、常に上がる、常に陽線を描くとは限らない。

それは板にも現れる。

そこで、板の様相とローソク足の形の変化（ローソク足はリアルタイムで板に合わせて変化する）を見ながら、その時の株価の強さ、弱さ、方向を見る。

朝からいきなり陰線となり、ぐんぐん下げていけば、売りが多いわけで要注意である。

どこまで売られるのか、注目する。目を逸《そ》らしてはならない。

陰線には2つの性質がある。

1つは悪い材料、業績不振、高値からの下落など。

この手の陰線は要注意である。

それに対して、銘柄自体は好業績、人気があるが、アメリカの相場や、全体の動き、信用の追証などで売られる場合。

これは一時的なモノなので、「押しはチャンス」と見たい。

その銘柄は好材料があり、人気化しているが、一時的に連れ安、利益確定の下げで陰線。

これは絶好の「買いのタイミング」である。

株で勝つ人は、このタイミングを見逃さない。

むしろ、喜んで、この値動き、板のマイナスを見る。

どこまで下げるか、狙いを定めて、買いに入る。

または、下値に指値を這わせて「買えれば儲けもの」くらいのスタンスで臨む。

これができる人こそ、株巧者と言える。

しかし、現実には強い板、強いローソク足に乗る人が多い。その人は、次の下げで投げることになるか、含み損で焦ることになるだろう。

業績悪化、高値からの下落などの場合は手を出さない

一時的な押し値ならばチャンスとみて下値に指値する

売	気配値	買
346500	OVER	
9300	1610	
11200	1609	
32800	1608	
	1607	1200
	1606	200
	1605	1800
	UNDER	102200

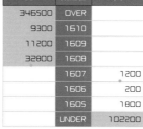

鬼100則 87

ヒゲになった時の板は

ローソク足で「ヒゲ」というのは、一時的に売買があったが、終値の時点ではそこまで伸びないで、一瞬の相場の行き過ぎの痕跡として残っているものである。

「上ヒゲ」は、買いたい人がワッと集まり、高く買われたが、ここぞとばかり、売りが出てきて株価は下に押されてしまった様子が見てとれる。

上値では利益確定の売りや信用の「売り建て」が待っている「弱い」線である。

現物の取引では、ここで買ってはならない。

高値づかみ、ババつかみの典型になってしまうからだ。

それに対して「下ヒゲ」は、我先の売りが一時的に出たが、下げ過ぎになり、ある程度下がったところで「値頃感」が出て、待ち構えていた人からまとまった買いが入った時にできる。

そのために「下値限界」となり、そこから反発していく。

長い下ヒゲで「買いたい強気」が読める。

このローソク足が出た時点では、買いでも良いというか、それよりも下値がないので、素早く買った人が勝利を収めやすい。

この時点の板は、先ほどの売り優勢がウソのように、上値に買いが入り、株価はぐんぐん高値を取ってくる。

このように、ローソク足には、板ではわかりにくかった株価の強い、弱いがビジュアルに表示されるので、売買の判断に極めて良い確率で参考になる。

ヒゲは実体ではないので、相場が上か、下に行き過ぎた時のシグナルであり、上に行き過ぎた時は「売り」、下に行き過ぎた時の下ヒゲは「買い」と見て間違いがない。

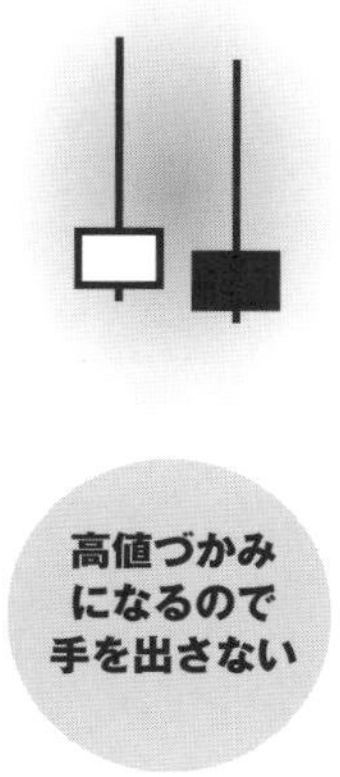
高値づかみ
になるので
手を出さない

下値限界
の証。
素早く買う

鬼100則 88

陽線続きの板への対応はこうする

5分足、日足で陽線が多いというのは、その銘柄に対して「先高観」があるということである。

この板は、陽線続きということなので、常に、始値に対して終値が高い。5分でも、日足でも。

これは極めてトレードしやすい動きで、板も強気一色である。

ストップ高ではないかぎり、上値志向の板は、ある程度の買いが入って株価を上げるが、適度に利益確定の売りが入る。

そこで、株価は次第高となる。

これは目先の売りやアルゴリズムの売買の結果だ。

ただ、基本的には買いが強く、上値志向なので、このもたもたの時に仕込むのが良い。

陽線続きとは言っても、瞬間的には陰線やコマというような「持ち合い」の株価、足が出るはずである。

このタイミングが、買いで入る時。

その後では、概ね含み益になっていくので、陽線の時の仕込みはストレスが少ない。

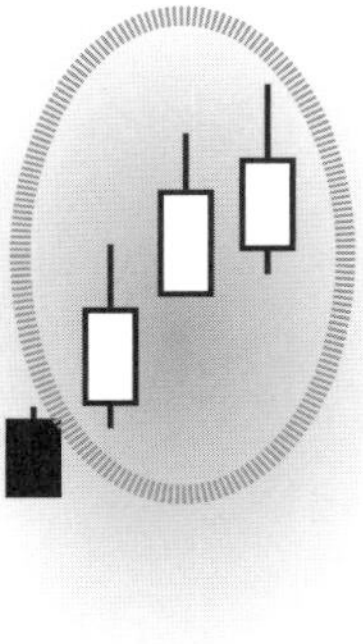

売	気配値	買
96500	OVER	
1300	1610	
1200	1609	
2800	1608	
	1607	15200
	1606	13200
	1605	1800
	UNDER	102200

売り買いが交錯して株価はじり高に

陰線続きの足が多い時の板は様子見だ

ローソク足で陰線が多いというのは、「じり安」を表している。

ある程度の買いが入っても、売りが湧いてくる。

業績が悪い、不透明だ、上げ過ぎの反動で下降トレンドになってきている。

このような株価の動きの時に、こうした形は現れやすい。

銘柄に惚れて、このあまり良くない足のチャートや板でも買いたい、入りたいという人が少なからずいるわけだが、その習慣は早く捨てた方が良い。

ここで、注意すべきは、「押し目」と下落の違いである。

押し目は右肩上がりの途中の利益確定のタイミング。

この時の板は、大きめの売りが時折出る。しかし、下げ方向ではないので、大口の買いも入る。

下げ一方ではなく、目先の利益確定のタイミングだが、買いもそそこあるのが特徴だ。

下落は、下値がどんどん切り下がり、最安値に向かうような動きである。

この時の板は、売りが強く、時々入る買いは売りの枚数に比べて弱々しく、少ない特徴がある。その先の「下げ止まり」を確認しないと、買った後に、どんどん含み損が出てくる。

用心したい動きである。

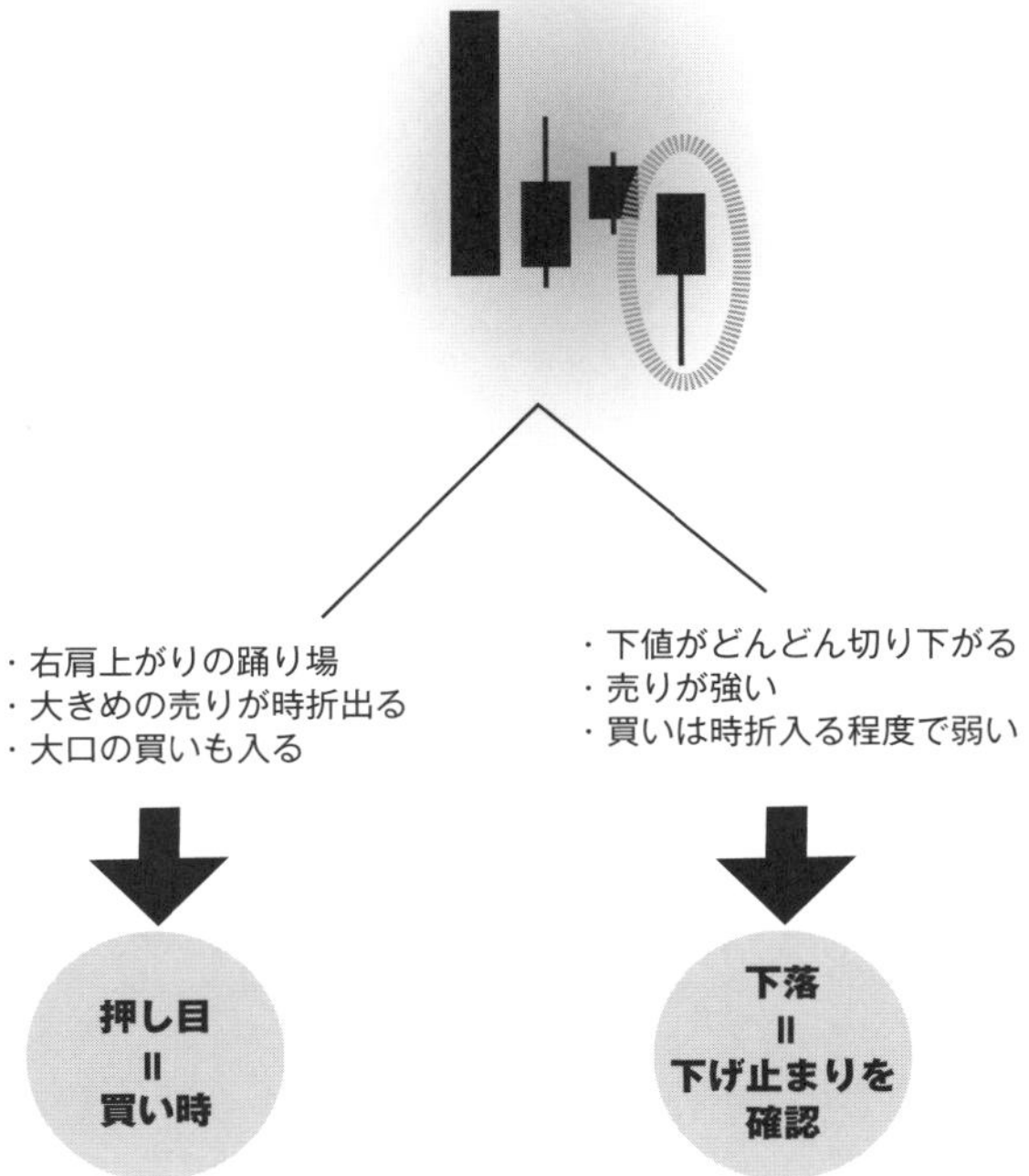
・右肩上がりの踊り場
・大きめの売りが時折出る
・大口の買いも入る
押し目
=
買い時
・下値がどんどん切り下がる
・売りが強い
・買いは時折入る程度で弱い
下落
=
下げ止まりを
確認

鬼100則 90

持ち合いのコマが多い時の板の特徴は

ローソク足の形と連なり方で、上げているか、下げているかがわかる。

しかし、株価の推移には「持ち合い相場」というものがある。

高値持ち合い、下値持ち合いという類《たぐ》いである。

そういう時はどう対峙すれば良いだろうか。


高値の持ち合いでコマが多く出るのは、人気銘柄、割安銘柄、次の高値を狙う踊り場である時が多い。

一定の売りも出るが、下がるような大きな売りは出ない。

これは、当面の利益確定を飲み込むコマの連続である。

「夜明け前の板」を見付けるのは、株で勝つための大切な要素である。

板が薄い、不人気と目を逸らさずに、次の動きに目をこらしたい。

人が目を逸らした時にチャンスはある。

それに対して、株価が下落して、落ちるだけ落ち、株価の変動幅が小さくなり、上げも下げもしない状態。

それは、これまで下げてきたが、さらに売られる悪材料はなく、その株価の水準であれば「値頃からの買い」もあるので、株価的には、次の反発を狙う雌伏の時と言える。

この時の板は、そんなに頻繁に売買は成立せず、歩み値も閑散であることが多い。

いわば、陰の極とも言えるので、中長期ならば買いでも良いし、狼煙のような上げ、出来高急増を待つのも1つの策だろう。

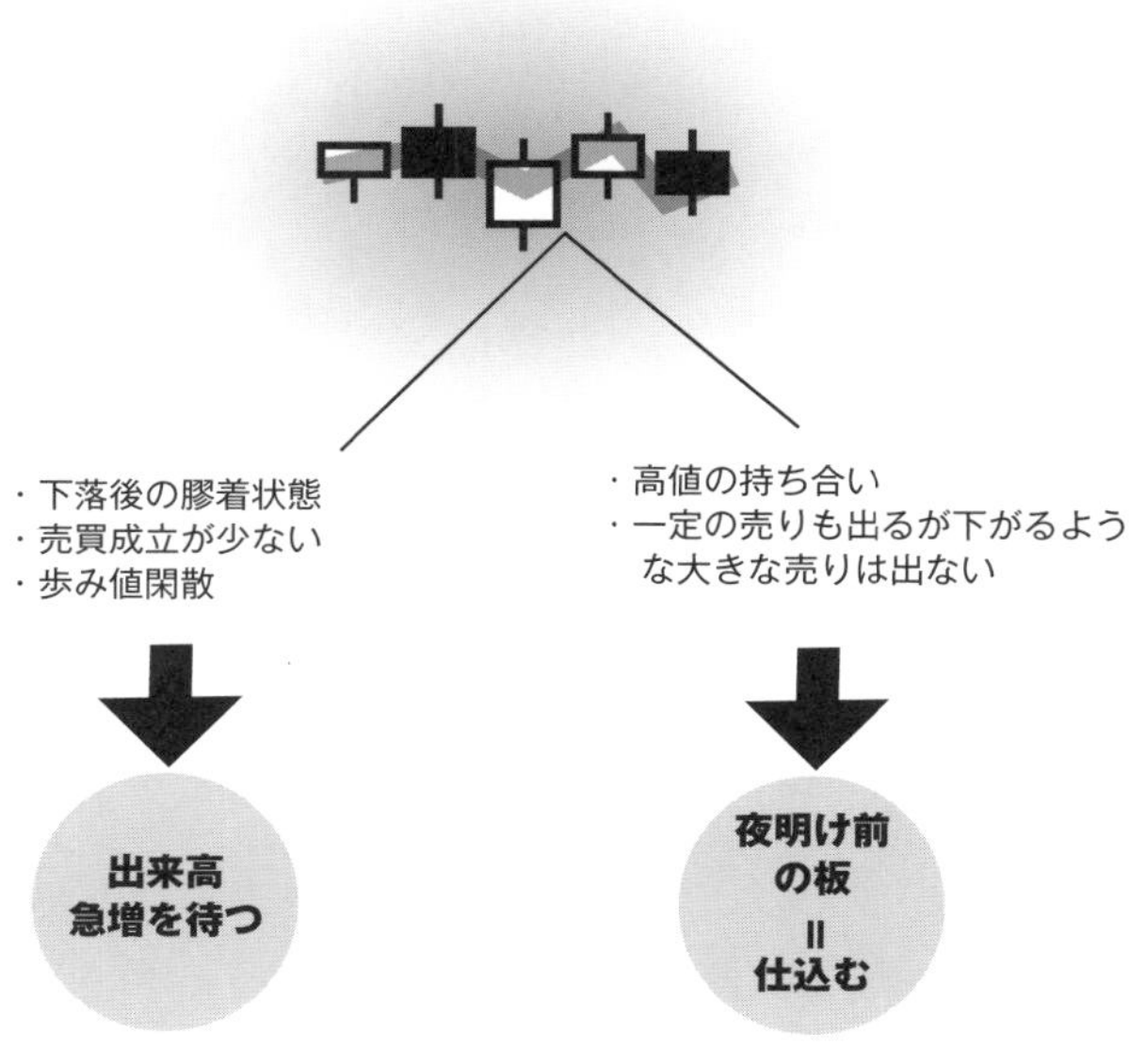
・下落後の膠着状態
・売買成立が少ない
・歩み値閑散
出来高急増を待つ
・高値の持ち合い
・一定の売りも出るが下がるような大きな売りは出ない
夜明け前の板
＝
仕込む

鬼100則 91

右肩上がりの中での「押し目」の板は

人気銘柄、テーマ銘柄には誰もが入りたいところ。

しかし、飛び乗るのも怖いし、下げたら、もう、終わりかと思う。

なかなか、当たり銘柄を見ても、乗れない傾向がある。

しかし、株式投資には「初押しは買い」という格言がある。

勢い良く上げ始めた銘柄に入るには、最初に来た下げに入るのが良いという、長い相場の歴史の中で培われた経験則だ。


「押し目」と言われるが、強烈に上げてきた銘柄でも上げの途中に買いが引っ込み、売りに押される時がある。

しかし、その時こそ、敢えて買いに入るタイミングなのである。

投資家は往々にして、上がっている時に飛び乗りたいもの。

上げている銘柄なので、その次も上がるだろうという強気である。

しかし、これは右肩上がりの時は、大きなケガにはならないものの、大きく押した時の方が有利に玉を確保できるということである。

人気の強い銘柄は、板が静かな時、売りが一転して多くなった時こそ、仕込むチャンスである。

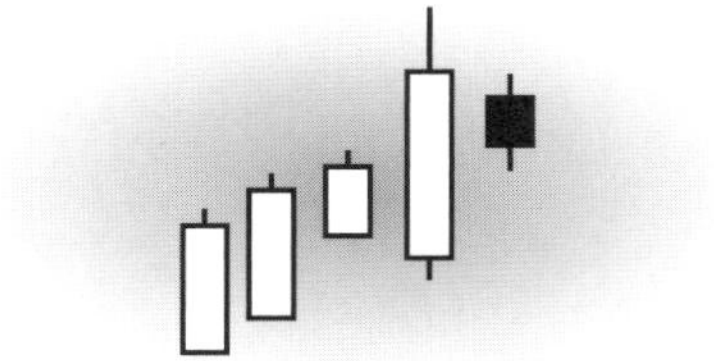

売	気配値	買
96500	OVER	
1300	1610	
21200	1609	
12800	1608	
	1607	5200
	1606	3200
	1605	1800
	UNDER	42200

初押しは買い

初押しでなくとも
上げの途中に
売りに押されて
静かな間合いなら
仕込みのチャンス

鬼100則 92

大底に出た反発の板はこう予測する

株価の大底で有名な「三空叩き込み」というのがある。

窓を開けて、ガンガン下げ、その窓が3つ空いた後の陰線に反発するような買い、すなわち、陽線が出た時、この時のローソクを確認して買うのが一番有利である。

ただ、強力に下げた株価、陰線ばかりだった株価に対しては「怖くて入れない」というのが普通である。

しかし、確率良く利益を出すには、大きく上げている銘柄に飛び乗るよりも、下げるだけ下げてきて、反発の買いが出てきた時に買いに入るのが得策だ。

三空というほどではなくても、大きく下げてきて、下値の動きが穏やかになった後に、陽線が出る。

これが買いのシグナルとなりやすい。

陰線ばかりだった足に、突然、それを上回る買いが出て、陰線を大きな陽線が包んだ時。

それは「買いのシグナル」である。

この時の板は、前日までの静かな板がウソのように買いがどんどん湧いてきて、強い板となる。

それをきっかけにして、それまで様子を見ていた人が「ここは底だ」という確信に変わり、続々と買いに入る。

そうなると、往々にして売りに勝る買いの玉が多く入ってきて、一転して忙しい板になるはずである。

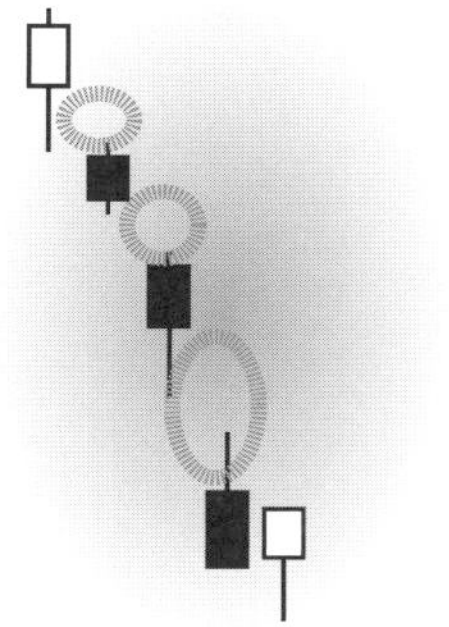

売	気配値	買
36300	OVER	
1300	1610	
1200	1609	
2800	1608	
	1607	15200
	1606	13200
	1605	21800
	UNDER	102200

突然
それまでが
ウソのように
買いが湧いてくる
＝
底値なので買う

鬼100則 93

上値に出た大陰線の売り一色の板は逃げの一手だ

株価が長く、大きく上げてきた時。

誰もが「この株はすごい」という認識を持つと、株価は天井知らずのように上げていく。

しかし、株価に「青天井」はない。

なので、持っている人も、「いつ、上げの限界か。売るかな。」という一抹の不安を抱いているはずである。

その未知数の上げの後に急激に売りの玉が板に現れると、売り待ちをしてきた筋が一斉に売りに出る。

利益確定を行う。

この時の板は、売りが巨額に出てきているはずである。

買う人も多いが、売る人が何倍も増えてくる。

目ざとい人は、上値の大陰線を見て「売らねば」と即刻、売り逃げる。売りを仕掛ける。

それはローソク足に現れるし、板も、売りが買いよりもはるかに巨大になるので、わかるはずである。

高値の大陰線。

この時点で「また、上がるだろう」「押し目は買いだ」と見るのは勉強不足である。

問答無用で逃げる足、板なのだ。

こうした時に機敏に動けないと、負け癖投資家から抜け出すことはできない。

心して、最悪のパターンを頭に叩き込んでもらいたい。

株式投資で一番大切なのは、損を膨らませないことだ。

大きな損を出すと挽回が大変だし、マイナス思考になってしまうからである。

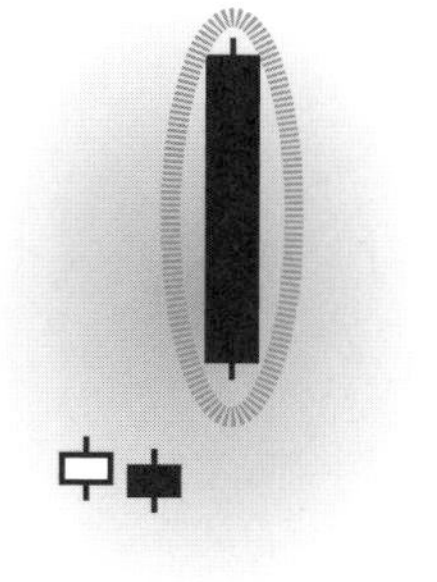

時刻	歩み値	約出来
11:01	1510	200
11:01	1508	1000
11:01	1500	400
11:01	1475	100
11:01	1460	600
11:01	1450	600
11:01	1450	1300
11:01	1440	500

持ち玉があったらとにかく逃げる

第11章

板と
チャートで
勝負する

どこに行こうとしているかがわかっていなければ、
どの道を通ってもどこにも行けない。

ヘンリー・キッシンジャー

熱心はよいが、
執着は物事に対する判断を偏狭にし、
能率を下げる。

本多静六

鬼100則 94

値動きが激しく見失う時のローソク足の使い方は

板情報は株価のリアルタイムの唯一のデータであり、目の前で行われている売買の状況を肌で感じることができる。

その意味では、数秒間の売り買いの力関係が読めるし、ここで買いに入るか、逆に、売りで入るか、手仕舞うかがわかり、判断の材料になる。

しかし、板情報はリアルだが、数値の羅列であり、時には「方向感」がわからなくなりがちでもある。

そこで、頼りになるのがローソク足の変化である。強い時はローソク足の形が陽線で伸びていく。上に上に勢い良くである。

その状況下では、「飛び乗り投資」でもうまくいくことがある。

それは板の買いの勢いでもわかるが、それをビジュアル化したローソク足でより鮮明に見えてくる。

このローソク足の変化を使いながら、板と合わせて売買の判断をするのが良いだろう。

	成行	
売	気配値	買
46500	OVER	
1300	1610	
1200	1609	
2800	1608	
	1607	6800
	1606	9200
	1605	1800
	UNDER	86200

現値　↑　1608

値動きが激しく、
板だけ見ていると
今の水準が
わからなくなる

チャートを見れば
状況が一目で
把握できることも

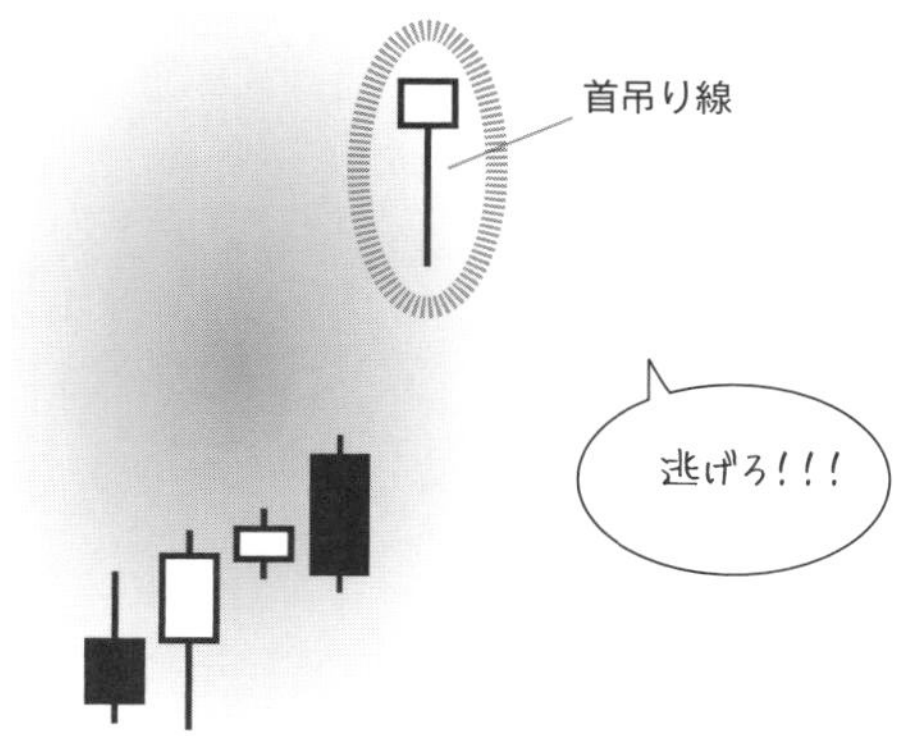

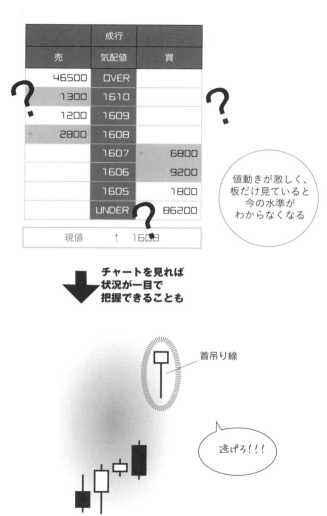

鬼100則 95

歩み値が激しく動く板ではローソク足に頼れ

売買が激しくなり、出来高も増えてくると、売買の成立の頻度が極めて多くなる。おまけに、最近の機関投資家はコンピュータ売買で差益稼ぎをする。時間をかけず、目の前のわずかな変動を売買のロットで確定する極めて確率の良い「アルゴリズム」売買の手法だ。

このコンピュータ売買は、あらかじめプログラミングされた方向で巨額な資金をもとに行うので、個人投資家では太刀打ちができない。

個人ができるのは、ある程度の値幅を予測し、その変動幅を取ることである。瞬時に形成されるローソク足の形、方向を読み取り、上げに対しては押し目にうまく乗り、利幅を取る。

板だけでは読み切れない激しい動きをローソク足で感じたいところである。

時刻	歩み値	約出来
9：00	1875	200
9：00	1874	1000
9：00	1890	400
9：00	1891	100
9：00	1892	600
9：00	1892	600
9：00	1893	1300
9：00	1890	500

歩み値の動きが
激し過ぎて
目視では到底
追えない

変動幅を
見極めるべく
板とチャートを
同時に見る

ある日の【3962 チェンジ】

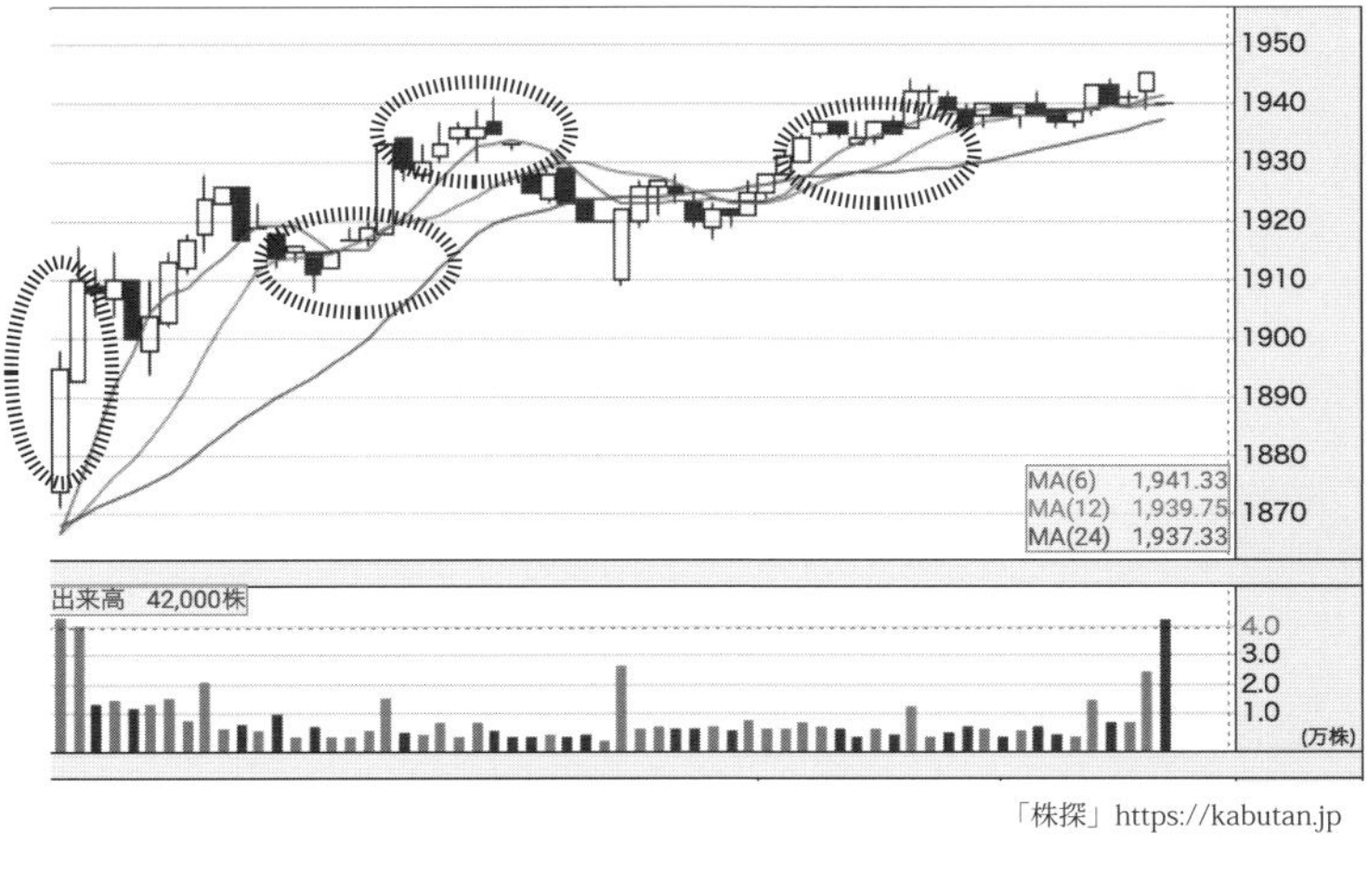

「株探」https://kabutan.jp

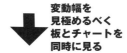

鬼100則 96

持ち合いの動きをローソク足で読む

板ではなかなか、読みにくい動きはローソク足が表示してくれる。

高値波乱で上げ下げの持ち合いになった局面で、持ち合う株価の値幅をうまく取るには、下値、上値の株価の位置を確かめることが重要だ。

売りと買いがせめぎ合い、なかなか上にも下にも行かない株価でも、少しの値幅で利益が取れる。

どの程度の幅で株価が動いているのかがわかれば、株価の方向がさして出ていない時でも、「ここで買い、ここで売る」という作戦が立てやすい。

それは板だけでは、なかなか、読みにくいことである。

ローソク足で、値幅がわかれば、下値に指値買い、上値の指値売りを出しておくことで、自動的に利益が取れる。

コンピュータがなくても、可能な売買の手法である。

ある日の【4980 デクセリアルズ】 板

現値	3460	10:42
	+95	+2.82%
VWAP		3512.2283
VOL		449000
始値	3455	09:03
高値	3575	09:17
安値	3445	10:41
前終	3365	11/16
金額		1576990500
年高	3575	11/17
年安	1277	01/04

時刻	歩み値	約出来
10:42	3460	1000
10:42	3460	100
10:42	3455	100
10:42	3450	300
10:42	3455	1800
10:42	3450	100
10:41	3450	100
10:41	3450	400
10:41	3450	100
10:41	3445	100
10:41	3450	100
10:41	3445	400
10:41	3445	100
10:41	3455	100
10:41	3450	100

売	気配値	買
―	成行	―
126700	OVER	
3300	3510	
10800	3505	
5200	3500	
1800	3495	
8300	3490	
2000	3485	
2600	3480	
2600	3475	
2200	3470	
1800	3465	
	3455	1100
	3450	2200
	3445	4700
	3440	6300
	3435	14800
	3430	4200
	3425	6100
	3420	3900
	3415	1800
	3410	2400
	UNDER	119800

「au カブコム証券」https://kabu.com

日足チャート

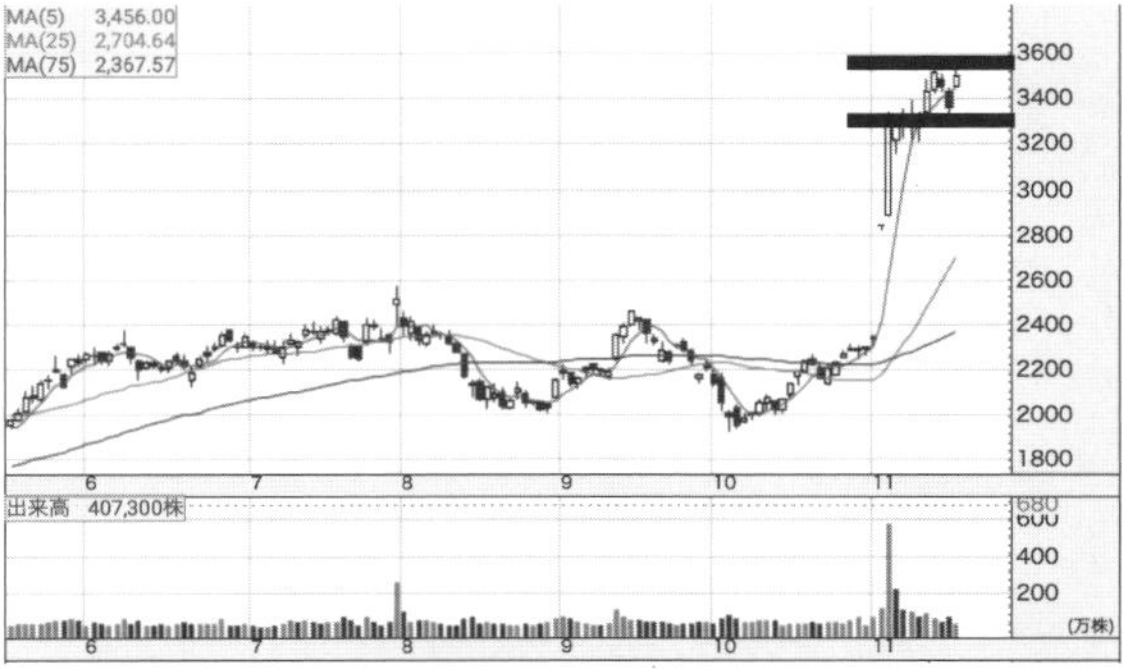

5 分足チャート

「株探」https://kabutan.jp

鬼100則 97

上値を取ってくる時の板をローソク足で読む

板を見てわかることだが、株価の動きというのは、たとえ、上げている時でも、絶対に利益確定の売りが出る。

その動きでは、慌てて上値を買うのではなく、上げ下げのリズムを読んで、「下げ」で買い「上げ」で売るトレードをしていきたい。

それはローソク足の形が上に向いている時、陽線と陰線が交じるとか、陽線が出ても、その幅が短くなったり、長くなったりの変化を読む作戦が大切である。

上に行く株価の動きでも、押し目は短時間の中で必ずある。

上げている時も、押してくる株価の変動を予測し、押しで指値を這わせ、上に伸びる場面で買いを出す。

上に行く傾向でも「回転商い」をうまくするために、板とローソク足を組み合わせて判断したい。

ある日の【7734 理研計器】 板

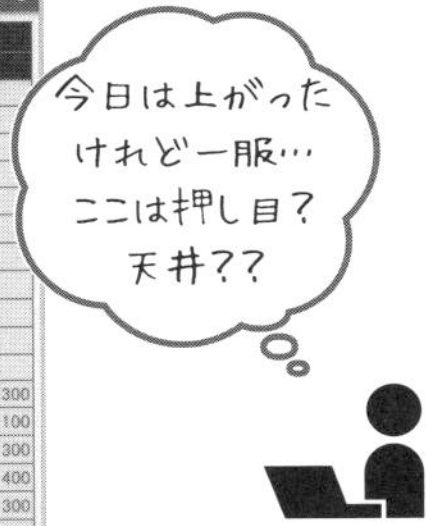

「au カブコム証券」https://kabu.com

日足チャート

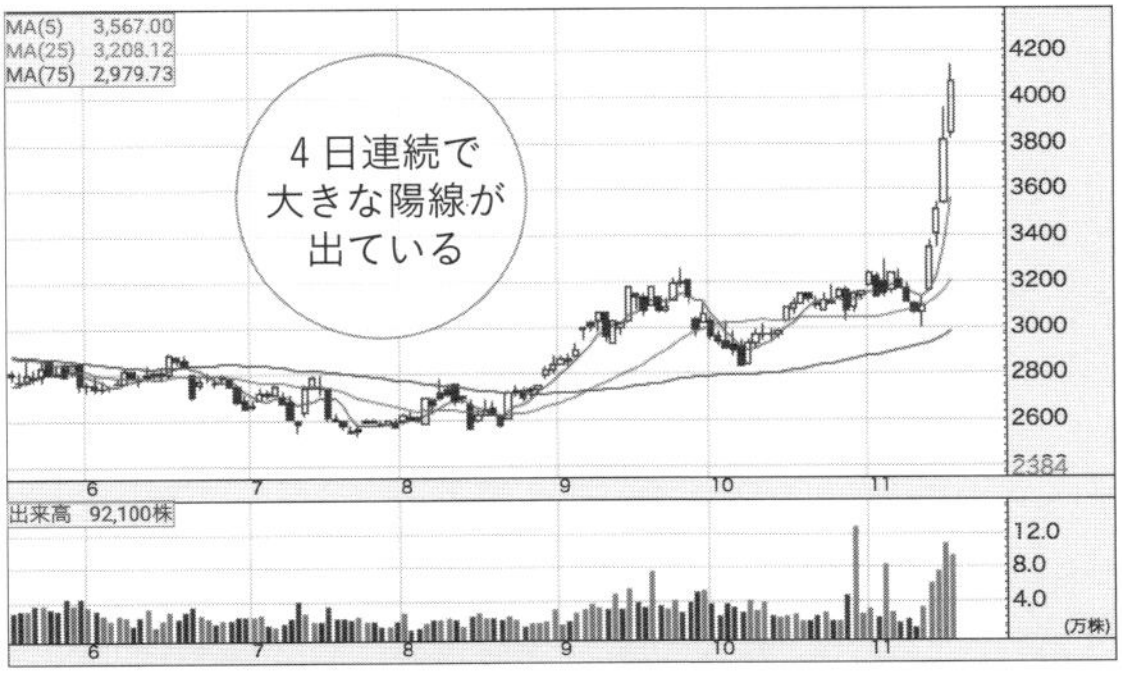

5分足チャート

「株探」https://kabutan.jp

鬼100則 98

板と出来高の併用で勢いを読む

板では歩み値や売買の株数を見れば、今どの程度の出来高があるのかはわかる。

しかし、数値の変動だけでは読みにくいし、確かなデータとしての判断はしにくい。

そこでは、1分足や5分足チャートなどを見て、それに伴う売買出来高で株価の勢いを読むことができる。

出来高が増えている時は、売りも多いが、それにも勝る買いが出ているので、株価は上に行きやすい。

その勢いに乗って、そこそこの利益を確保しながら、確かなトレードをしていきたい。

株価のリズムは値動き、ローソク足、出来高で大体は読むことができるので、それらを瞬時に判断して目の前の株価の動きで成果を上げたい。

板と、出来高の双方で、勢いを感じられれば、上に行くのか、下に行くのかがわかるので、失敗は少ないはずである。

ある日の【3962 チェンジ】 板

3962　東京　表示　R 買 売 新 返 C N

チェンジ　[東京1]

現値	2425	11:30
C	+189	+8.45%
VWAP		2435.7293
VOL		3945800
始値	2377	09:06
高値	2520	09:15
安値	2365	09:06
前終	2236	11/16
金額		9610900500
年高	4150	02/16
年安	1824	11/11

時刻	歩み値	約出来
11:30	2425	7900
11:29	2424	100
11:29	2425	100
11:29	2425	100
11:29	2424	200
11:29	2424	100
11:29	2424	200
11:29	2424	100
11:29	2425	100
11:29	2425	100
11:29	2425	800
11:29	2425	100
11:29	2425	100
11:29	2425	100
11:29	2425	100

—	成行	—
売	気配値	買
461800	OVER	
1500	2435	
1700	2434	
1400	2433	
400	2432	
1600	2431	
900	2430	
200	2429	
200	2428	
1200	2427	
400	2426	
	2424	300
	2423	2100
	2422	2200
	2421	3200
	2420	7400
	2419	1500
	2418	1500
	2417	500
	2416	300
	2415	1800
	UNDER	447100

「au カブコム証券」https://kabu.com

5 分足チャート

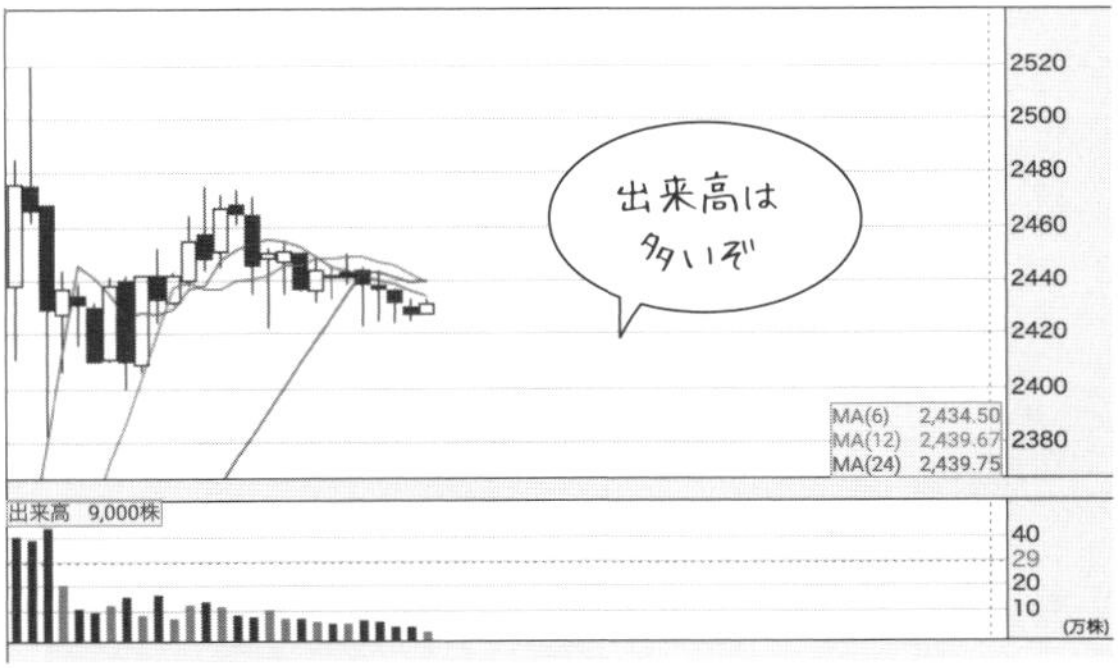

日足チャート

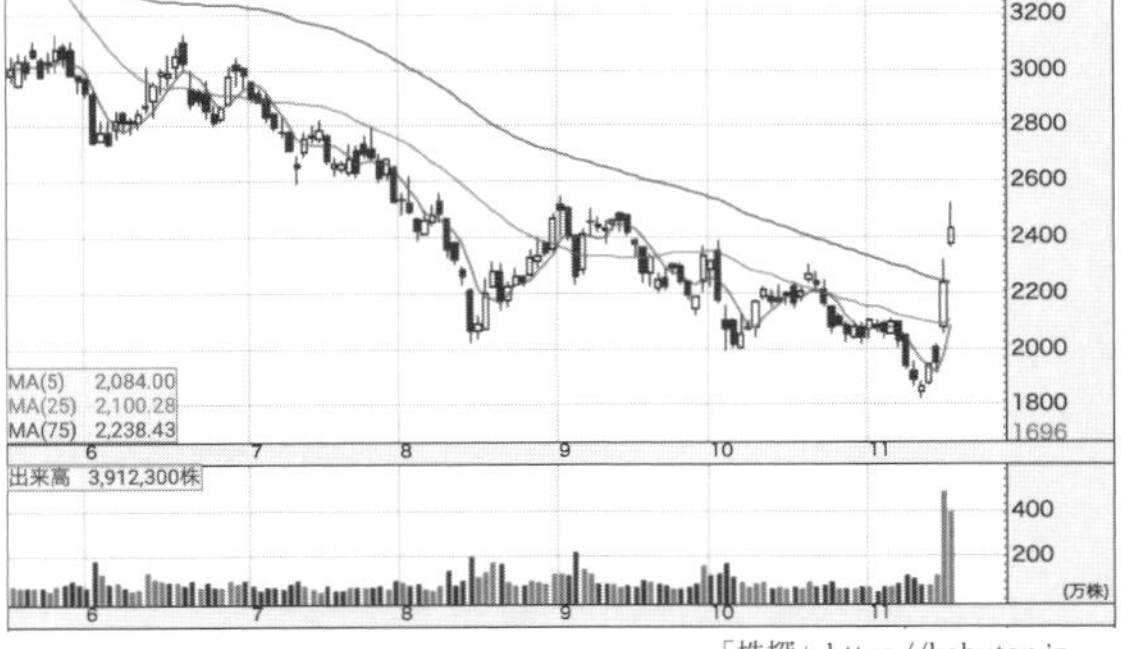

「株探」https://kabutan.jp

急激な上げの板とローソク足の形を読む

株価が急変する時は、当然ながら、板も急激に変化する。

業績好転、提携、新製品など、さまざまな情報が急激な上げのきっかけになって、物凄い勢いで上値を買い占め、わずかな売りを飲み込んでいく。

売りが出ても、たちまちのうちに買われてしまい、圧倒的な買いが勢いを増していく。

中小型の銘柄ではそもそも板がそんなに厚くはないので、売買のバランスが崩れると、たちまちのうちに買いの方向に傾いていく。

それは当然、板の様相でわかるが、ローソク足を合わせることで、より鮮明に判断できる。

検索して、もし強烈な情報が背後にあれば、成り行きでの買いで挑戦するとよいだろう。

上げの理由が明確ではない時は、打診買い程度にとどめて挑戦してみることだ。

上げの動きを察知し、情報を調べ、その後に、入るべき単位を決めていく。

その作業をタイミングよく行うことで、確率の良い勝負ができるはずである。

ある日の【6338 タカトリ】 板

6338　東京　表示　R 買 売 新 返 C N
タカトリ　[東京2]

現値⬇	1697	11:30
	+169	+11.06%
VWAP		1652.0703
VOL		378500
始値	1568	09:02
高値	1736	11:11
安値	1567	09:02
前終	1528	11/16
金額		625308600
年高	1736	11/17
年安	620	01/04

時刻	歩み値	約出来
11:30	1697	100
11:29	1703	200
11:29	1700	300
11:28	1705	800
11:28	1705	100
11:28	1699	100
11:28	1703	100
11:28	1702	200
11:28	1701	100
11:27	1701	100
11:27	1698	100
11:26	1694	100
11:25	1694	100
11:25	1693	100
11:25	1697	100

1800	成行	600
売	気配値	買
38500	OVER	
200	1712	
6100	1710	
100	1709	
100	1708	
100	1705	
100	1703	
1400	1700	
100	1699	
300	1698	
2200 前	1696	
	1696	前 2200
	1694	200
	1693	300
	1692	100
	1691	100
	1690	200
	1688	200
	1687	200
	1686	200
	1685	200
	UNDER	59400

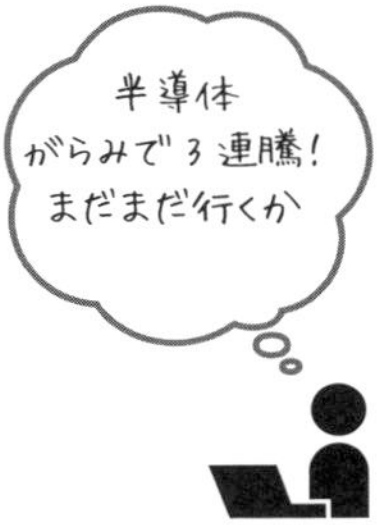

「au カブコム証券」https://kabu.com

5 分足チャート

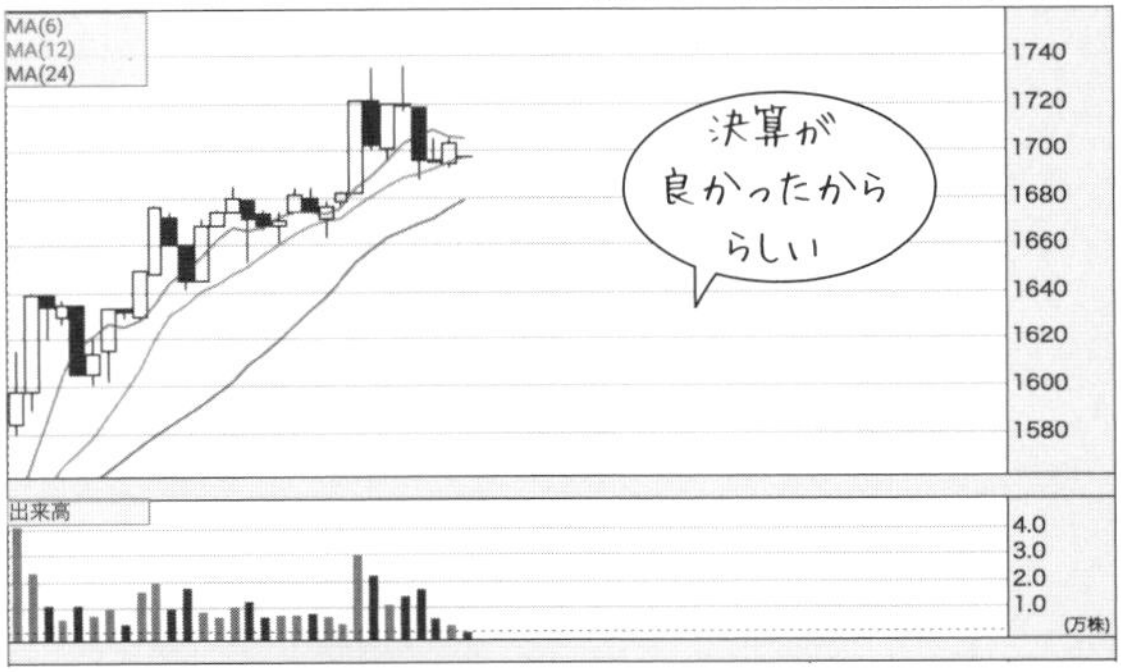

日足チャート

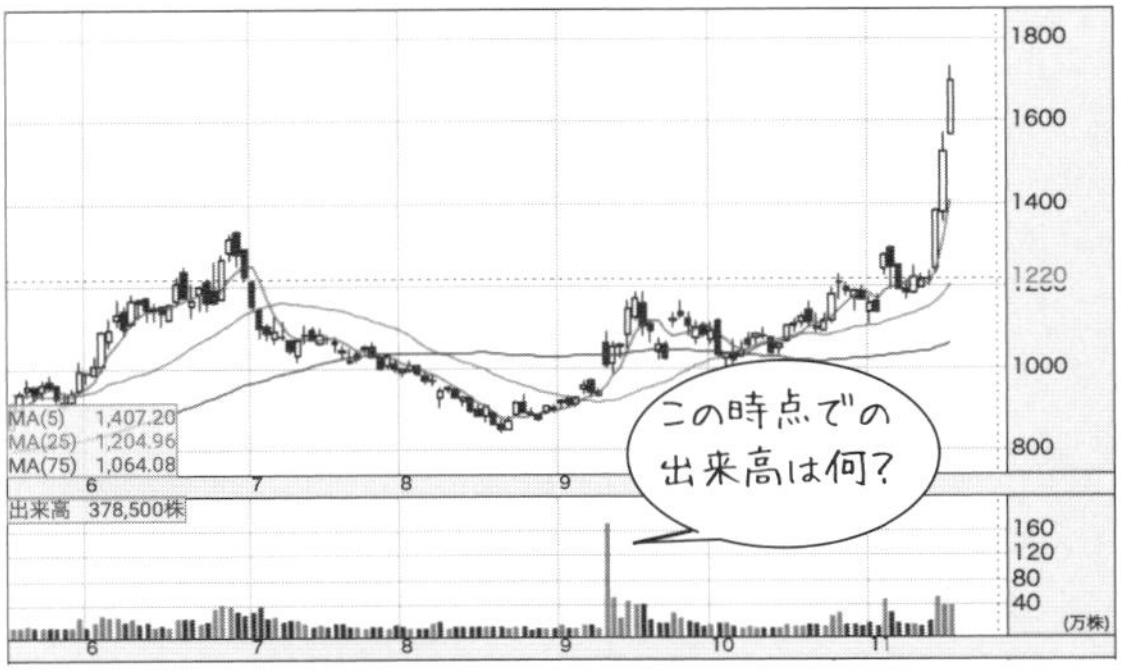

「株探」https://kabutan.jp

鬼100則 100

圧倒的な売りの圧力を感じて動く

株で勝つため、負けないためには、下落に際しての素早い行動が重要である。

株で儲けたい。これは誰もが考えることだが、その一番のポイントは「大負けをしない」ということである。

大負けしなければ、次のチャンスをいくらでもモノにできる。

そのために、板に異変が起き、ローソク足に「大陰線」が出た時は、素早く手仕舞う行動力を持ちたい。

急激に売りが出てくるのは、逃げなければならない何かの情報があるからだ。

「素早く逃げる」。

板とローソク足の異変で素早く状況を把握し、判断し、行動する。

逃げるタイミングを明確に察知できるのは、ローソク足に出る急落のシグナルである。

これにいち早く気が付くことが投資の大前提となる。

ある日の【6616 TOREX】 板

6616　東京　表示　R 買 売 新 返 C N

TOREX　[東京1]

現値	3690	11:30
C	+290	+8.52%
VWAP	3720.8721	
VOL	938500	
始値	3680	09:09
高値	3880	09:48
安値	3565	11:05
前終	3400	11/16
金額	3492038500	
年高	3880	11/17
年安	1285	01/04

時刻	歩み値	約出来
11:30	3690	600
11:29	3685	100
11:29	3685	100
11:29	3685	100
11:29	3685	200
11:29	3695	200
11:29	3685	100
11:29	3690	100
11:29	3690	100
11:28	3685	100
11:28	3685	100
11:28	3685	200
11:27	3685	100
11:27	3690	200
11:27	3690	100

—	成行	—
売	気配値	買
65900	OVER	
300	3735	
200	3730	
200	3725	
500	3720	
1400	3715	
600	3710	
300	3705	
200	3700	
200	3695	
400	3690	
	3680	300
	3675	400
	3670	400
	3665	200
	3660	400
	3655	100
	3650	700
	3640	300
	3635	100
	3630	400
	UNDER	67600

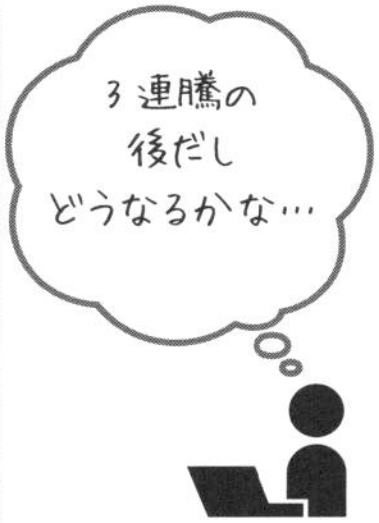

「au カブコム証券」https://kabu.com

5分足チャート

日足チャート

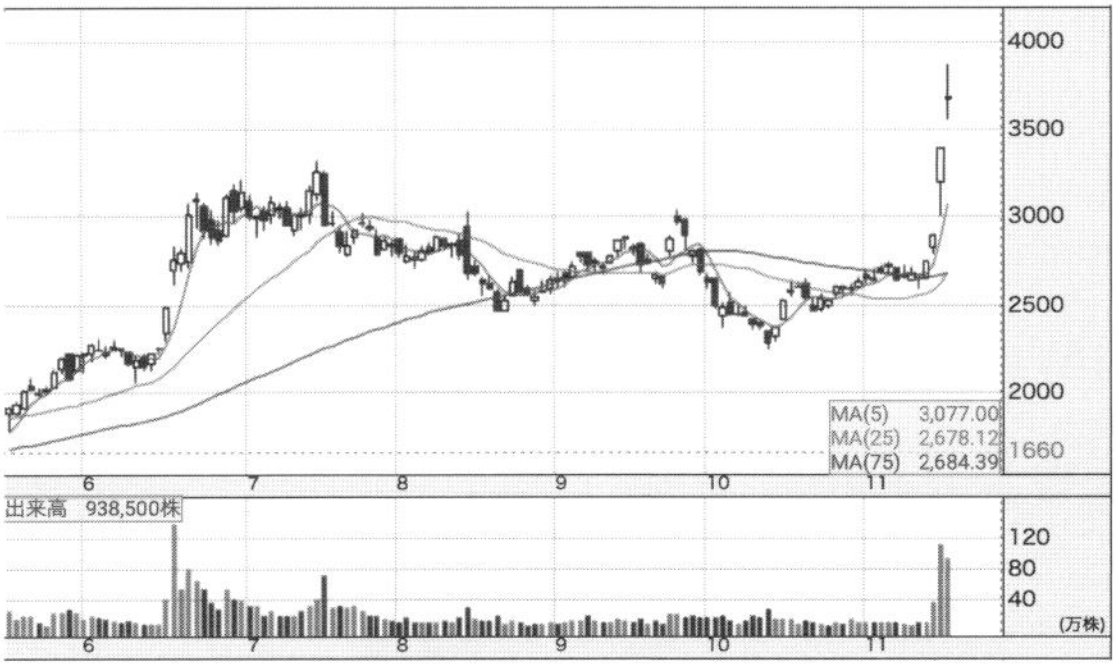

「株探」https://kabutan.jp

著者
石井勝利（いしい・かつとし）
早稲田大学政治経済学部卒。1939年生まれ。
文化放送、政党機関誌を経て経済評論家となる。バブル時代は不動産投資で活躍して投資のオピニオンリーダーとなり、全国講演、テレビ・ラジオ出演を数多くこなす。
以降、住宅、金融、株式投資、自己啓発など著作は400冊に迫り、2019年から開始したTwitterでは2万人のフォロワーを持つ。近著は投資歴45年の経験に裏打ちされた実績をもとにした『株の鬼100則』『株価チャートの鬼100則』『株「デイトレ」の鬼100則』（明日香出版社）等、いずれも大増刷。個人投資家から人気を博している。

X（旧Twitter）：@kabu100rule

株「板読み」の鬼100則
2021年12月16日　初版発行
2024年7月11日　第11刷発行

著者　石井勝利
発行者　石野栄一
発行　明日香出版社
〒112-0005 東京都文京区水道2-11-5
電話 03-5395-7650
https://www.asuka-g.co.jp
カバーデザイン　西垂水敦・市川さつき（krran）
印刷・製本　株式会社フクイン

©Katsutoshi Ishii 2021 Printed in Japan
ISBN 978-4-7569-2182-6
落丁・乱丁本はお取り替えいたします。
内容に関するお問い合わせは弊社ホームページ（QRコード）からお願いいたします。